Die Tragödie von Sinai

Eugene Heimler

Aus dem Englischen übersetzt
von
Miriam Bracha Heimler

STURM (Die Tragödie von Sinai)
Deutsche Übersetzung, Vorwort und Einleitung
© 2018 Miriam B. Heimler

Umschlaggestaltung: Devorah Priampolsky unter Verwendung
folgender Fotos:
Istock no. 108330145
Jude hebt eine Torahrolle

Das original ungarische Manuskript von Eugene Heimler
wurde von Anthony Rudolf ins Englische übersetzt. (THE
STORM – Tragedy of Sinai © 1976 Anthony Rudolf)

Die hier vorliegende deutsche Übersetzung basiert auf der
englischen Übersetzung von Anthony Rudolf.

Anfragen bezüglich Aufführungen dieses Schauspiels richten
Sie bitte an: Miriam B. Heimler, P.O.Box 18422, Jerusalem,
Israel.

ISBN: 978-0-9905836-7-7

DER AUTOR

Eugene Heimler wurde am 27. März 1922 in Szombathely, Ungarn, als Sohn eines Rechtsanwaltes und prominenten Mitgliedes der Sozial-Demokratischen Partei geboren.

Jenö, wie er in Ungarn genannt wurde, schrieb sein erstes Gedicht im Alter von neun Jahren, und am Tag, als der Zweite Weltkrieg ausbrach, wurde sein erster Gedichtband veröffentlicht.

Als 21-jähriger wurde er nach Auschwitz und Buchenwald deportiert und überlebte die Todeslager dank der glücklichen Erinnerungen an seine Kindheit und seine geliebte Mutter, die nach langer Krankheit kurz vor Ausbruch des Zweiten Weltkrieges gestorben war.

Seine jung-vermählte Frau, Eva, sein Vater, Ernö, und seine Schwester, Zsuzsi, mit ihrem kleinen Sohn Gabi wurden in Auschwitz umgebracht.

1946 heiratete Heimler seine zweite Frau, Lily, geb. Salgo. Sie starb 1984 und hinterließ zwei Kinder, Susan und George.

Im Jahr 1947 emigrierte Heimler nach England, studierte und erhielt 1953 ein Diplom als erster Psychiatrischer Sozialarbeiter. Bald darauf entwickelte er seine eigene sozial-integrative Methode, die unter dem Namen „*Heimler Methode*" in Europa und Amerika bekannt wurde, mit der er Tausenden von Menschen half und die er auch in Deutschland unterrichtete.

Heimler wurde zum Berater für das Ministerium für Soziale Sicherheit in Großbritanien, der Weltgesundheitsorganisation und der Regierung der Vereinigten Staaten von Amerika.

20 Jahre lang hatte er einen Lehrstuhl an der Universität London (England) inne, und sein Ansehen führte zu mehreren Lehrstühlen an Universitäten in den USA und in Kanada.

1985 erhielt er ein Ehrendoktorat von der Universität Calgary, Kanada, an der Professor Heimler 17 Jahre lang seine Methode des ‚*Human Social Functioning*', (‚*Menschliches Soziales Funktionieren*') gelehrt hatte.

Er heiratete erneut und schloss seine Ehe mit Miriam Bracha an dem Tag, der den 40. Jahrestag des Endes des Krieges in Europa markierte.

Kurz nach seiner Übersiedlung nach England begann er sein erstes Buch, „*Bei Nacht und Nebel*", in seiner ungarischen Muttersprache zu schreiben. Die englische Übersetzung wurde 1959 von Bodley Head veröffentlicht. 1976 folgte „*Sturm – Die Tragödie von Sinai*", was von Anthony Rudolf aus dem Ungarischen ins Englische übersetzt und bei Menard Press veröffentlicht wurde.

Diese und weitere Veröffentlichungen Heimlers sind bei amazon.com erhältlich:

A Link in the Chain; Messages – A Survivor Letter to a Young German, (Brief eines Überlebenden an Junge Deutsche); The Healing Echo, Survival in Society, (Überleben in unserer Gesellschaft); Napfogyatkozás után (Gesammelte Gedichte - Ungarische Ausgabe)); A gyogyito visszhang (The Healing Echo – Ungarische Ausgabe);

STURM ist ein mitreissendes dramatisches Schauspiel, welches das Überlebensgeheimnis des jüdischen Volkes aufdeckt – wie es die tief in die Geschichte hineinreichenden Zäsuren überwand und besiegte.

Das Schauspiel wurzelt in Dr. Eugene Heimlers persönlichen traumatischen Erfahrungen in Nazitodeslagern und stützt sich auf seine Auseinandersetzung mit der jüdischen Tragödie auf Masada.

STURM zeigt die Barbarei von Römern, Christen und Nazis, wie sie in Hass ihre Grausamkeiten und Menschenmorde barbarisch verübten und persönliche Verantwortung leugneten.

Trotz des Nachhalls der Qualen durch die jüdische Geschichte hindurch gibt Heimler seiner Hoffnung Ausdruck für das Überleben des jüdischen Volkes.

Heute hat dieses Werk mehr Relevanz als je zuvor.

Wir brauchen die zeitlose Botschaft Heimlers, da sich Extremismus, Antisemitismus und Intoleranz ständig ausbreiten und uns bedrohen. Wir brauchen sie, denn sie dringt tief in die menschliche Seele ein.

Eugene Heimler ist Holocaust Überlebender, welt-berühmter Begründer des Human Social Functioning, Mentor und Ausbilder, sowie bestselling Autor von
"Bei Nacht und Nebel"– „**Das beste Buch, das über den Holocaust geschrieben wurde.**"
 Dr. Sarah Fraiman-Morris, Professor für Holocaust Literatur, Universität Bar Ilan

"Was mit unschuldiger, vielversprechender Dichtung eines Jugendlichen begann, wuchs, durch den Alptraum der Schoah in eine profunde reife menschliche Seele, die Tiefen der Geschichte, Philosophie und Glauben erforschte. -- Eugene Heimlers 'STURM'"
Rabbi Dr. André Ungar

„**Eugene Heimler ist ein wahrer Held des 20. Jahrhunderts!**"
Ronald A. Lewis, M.Ed.

VORWORT

Als die Nazis 1938 Österreich besetzten, war Eugene Heimler sechzehn. Damals las er bereits die Geschichte des "Jüdischen Krieges" von *Josephus Flavius*. Zu dieser Zeit war Heimler in Eva, seine zukünftige Frau, verliebt, die er im Ghetto heiratete. Er erzählte mir, dass er oft zu ihr über seine Hoffnung sprach, eines Tages einen Sinn aus den Geschehnissen auf *Masada* und der Judenverfolgung in der Mitte des 20. Jahrhunderts ziehen zu können. Dreißig Jahre später schrieb er sein Drama *"STURM – Die Tragödie von Sinaï"* in seiner ungarischen Muttersprache.

Das Drama basiert auf Heimlers persönlichen Erfahrungen während des Holocaust sowie auf seinen fortlaufenden Betrachtungen des Themas von *Masada*. "Es war in meinem Blut, in meinen Zellen… Ich trug es viele Jahre mit mir herum, - bis ich es endlich zu Papier brachte."
Sein ungarisches Manuskript hatte er zusammen mit Anthony Rudolf ins Englische übersetzt. Es erschien 1976 bei Menard Press.

Im Herbst 1979 überreichte mir Eugene Heimler ein Exemplar von *THE STORM (The Tragedy of Sinai)* mit der Widmung „Für Miriam, die meine Botschaft in ein neues Deutschland bringen wird."
Obwohl meine Übersetzung des Schauspiels in die deutsche Sprache bereits im Jahre 1980 fertig war, habe ich erst jetzt, 38 Jahre später, den Mut, die

Botschaft zuversichtlich und vertrauensvoll in ein neues Deutschland zu tragen, in der Hoffnung, dass der Sinn des Dramas verstanden wird. Möge das Lesen dieses historischen Dramas helfen, unsere noch zerbrochene Welt zu heilen.

EINLEITUNG

Masada ist ein Tafelberg am Toten Meer, eine natürliche Festung, die in der Geschichte des Judentums einen besonderen Stellenwert hat.

Kurz vor Beginn unserer Zeitrechnung war der Tafelberg von *Herodes dem Großen* zu einer schwer einnehmbaren Festung ausgebaut worden. Im Südosten seines Reiches gelegen, konnte Herodes von *Masada* aus die Straßen am Toten Meer kontrollieren. Eine Ringmauer mit zahlreichen Türmen, Palästen, Villen, Bädern, Lagerhäusern und großen Zisternen ermöglichte den Bewohnern, dort jahrelang ohne Hilfe von außen zu leben. Nach dem Tod von Herodes besetzten römische Legionäre das Felsplateau.

Im Jahre 66 n. Chr. eroberten aufständische Zeloten, die gegen die römische Besatzung eine Art Guerillakrieg führten, *Masada* und vertrieben die Römer. Diese erste größere militärische Aktion war der Beginn des folgenschweren Aufstandes der Juden gegen die römische Besatzung. Als fünf Jahre später, nach blutigen Straßenschlachten, Jerusalem in Flammen unterging und die jüdische Bevölkerung versklavt wurde, geriet Masada, das bis dahin am Rande des Kampfgebietes gelegen hatte, wieder in den Mittelpunkt. 967 Personen, Männer, Frauen und Kinder hatten sich auf dem Festungsberg verschanzt.

Erst als die in acht umliegenden Lagern stationierten römischen Legionäre von Sklaven eine Rampe an den steilen Felswänden *Masadas* aufschütten ließen, wurde die Festung sturmreif. Drei Jahre waren nach der Niederlage in Jerusalem vergangen, als für die letzten Aufständischen in *Masada* das Ende der erfolgreichen Verteidigung absehbar wurde.

In der Nacht vor der Erstürmung durch die Römer verwirklichten die Zeloten ihren letzten Plan: keiner der letzten Verteidiger Masadas sollte lebendig in römische Gewalt gelangen. Zunächst wurden die Bauten in Brand gesetzt und dann alle Angehörigen getötet.

Der letzte Überlebende, der per Los bestimmt wurde, überzeugte sich vom Tod der am Boden liegenden Menschen, bevor er sich selbst mit dem Schwert niederstreckte.

Die dramatische, mythische Reise *Eleazar ben Yairs* reicht von *Masada* durch Sinai, Römisch-Palestina, den Holocaust und schließlich zum Nach-Holocaust-Palestina und Israel. Es ist ein moralisches Schauspiel, das Fragen zu Schuld, Sühne und Gewissen stellt.

Die oft wiederholte Resonanz eines grundlegenden Themas wird durch mystische Charaktere und Symbole dargestellt. Es wird eine mehrfache Botschaft überbracht: die psychologische Verantwortung der Kirche für den Holocaust, zum anderen das heldenhafte Widerstreben des

Individuums, seine Freiheit aufzugeben, und schließlich die Unverletzbarkeit des menschlichen Geistes.

FÜR EVA,

die im July 1944 in Auschwitz umkam

CHARAKTERE

Der Geist

Flavius Silva:
        Römischer Stadthalter
        Römischer Soldat, Bischof, Papst

Cerelius Vetiliamus
        Magistrat in der römischen
        Republik, römischer Soldat,
        Priester, Dominikanischer Priester

Eleazar Ben-Yair
        Führer von Masada, Moses

Yehoschua
        Jude, Schuhmacher, Kibbutznik

Akiva
        Jude, Poet, Kibbutznik

John
        Jude, Rabbi, Kibbutznik

Die Stimme

Eleazars Tochter

Sieben Heiden
        Ephesus, Smyrna, Pergamum,
        Thyatira, Sardis, Philadelphia,
        Laodicea
        (Kreuzfahrer, Mitglieder der SS)

Ephesus

    General einer europäischen Nation

Smyrna

    Hochrangiger SS Offizier

Philadelphia

    Henker

Außerdem:

    Chor der Juden, Echo, 1. Jude, 2. Jude,
    Chor von Menschen

PROLOG ZUR ERSTEN SZENE

Bevor der Vorhang aufgeht, erscheint ein Mann in dunkler Kleidung auf der Bühne. Nur sein Gesicht ist sichtbar, in einem milch-weissen Lichtkreis angestrahlt.

GEIST

> Ich wurde gebeten, vor euch zu erscheinen,
> nicht, um zu erklären, sondern um festzustellen,
> dass das, was ihr jetzt bezeugen werdet,
> kein Märchen ist:
> Ich bin absichtlich so gekleidet,
> denn ein modernes Publikum würde einen Geist nicht erkennen, wenn es einen sähe.
> Mein Problem ist, dass ich euch behutsam wissen lassen muss,
> dass ich nicht der bin, als der ich erscheine.
> Ihr würdet mir sowieso nicht glauben.

Der Vorhang öffnet sich. Er geht beiläufig zur Seite der Bühne und zeigt auf *Masada*.

GEIST

> Als der Herr die Sonne in den Himmel hing
> und ewige Finsternis in den Raum schickte,
> als Mond und Sterne zum Leben erwachten,
> hauchte Er ins All: *ICH BIN.*
> Und Gras und Baum und See und Stein
> hallten wider mit himmlischen Klängen.
> Unter dem entfernten Himmel
> ertönte die Welt, und jeder Kiesel
> schlug mit dem Puls des Lebens.
> Und als sich das Leuchten über dem See ausbreitete
> kam ich aus dem Abgrund

des geheimnisvollen Dunkels hervor.

Dann sprach der Ewige:
„Mein Sohn, hilf mir, meine Botschaft
in erdenhafte Form zu bringen.
Jenseits des Lichtes zittert Furcht.
Du musst zu Stärke, Weg und Sinn werden.
Leben auf der Erde ist noch unbewusst.
Suche eine Form, die Bewusstsein enthalten kann.
Und wenn du sie gefunden hast, dann zeig' sie mir,
damit ich ewiges Leben hineinhauchen kann."
Als ich eines Tages die Leere der Welt
durchwanderte,
entdeckte ich, was darin menschlich erschien.
Und dann sprach der Herr:
Wie klein ist der Verstand des Menschen;
doch durch Leiden wird er ihn entdecken.
Diese Flammen! Es erscheint, die Menschen sind tot.
Aber mein Geist lebt noch in ihren Herzen
und in ihrem Verstand.
Sie können niemals vernichtet werden.
Keine Nacht kann den Menschen zerstören,
in dem Gottes Geist wie Feuer lodert.
Er wird die Zeitalter überleben,
bis er eines Tages meine Botschaft versteht.

ERSTE SZENE

73 C. E. (A. D.) 15. April. Es ist Nacht

Vor der letzten Schlacht. Das Zelt von Flavius Silva,
Stadthalter von Rom. Die Fackeln des römischen Lagers
können durch die hintere offene Zeltklappe gesehen werden

und in der Ferne sieht man Masada brennen. Ab und zu
kommt Wind auf, der Schreie von Sklaven herüber zu tragen
scheint. Links ist das Tote Meer. Es spiegelt den Mond und
die Flammen wider.
Wenn der Vorhang sich öffnet, steht Flavius Silva allein am
Eingang des Zeltes. Er blickt auf den brennenden Berg und
lauscht auf die Geräusche der Nacht. Ein paar Minuten
später erscheint der Magistrat, Cerealius Vetiliamus, vor dem
Zelt. Er salutiert mit dem römischen Gruß. In Gedanken
versunken, bemerkt Silva ihn zunächst nicht. Dann sieht er
Vetiliamus.

SILVA
  Alles ist fremd hier, Vetiliamus.
  Nur das Leuchten bekannter Sterne
  verbindet mich noch mit Rom.
  Hörst Du das Wehklagen des Windes?
  Alles ist tot.
  Wir sind die Hüter einer toten Welt.

VETILIAMUS
  Die letzte Nacht ist immer sehr lang.

SILVA
  Wellen der Einsamkeit
  wehen über die Wüste,
  und über dem Toten Meer
  erheben sich Schatten, um ihre rastlose Reise
  anzutreten.

VETILIAMUS
  Drei Jahre lang habe ich diese Bergspitze beobachtet
  und ich verfluche den Augenblick,
  der mich hierher brachte.

Manchmal fühlte ich,
dass Zeit ihren Tod getroffen hat.
Keine Vergangenheit, keine Gegenwart, keine
Zukunft, keine Schlacht, kein Frieden.
Nichts existiert, nur dieser Gipfel,
und überall ungeheure Leere.

SILVA

Ich bin müde, Vetiliamus.
Ich bin zum Kämpfen geboren,
nicht, um herumzustehen.
Zum Erobern bin ich geboren,
nicht um zu warten.
Monate rieselten dahin, so langsam,
wie Sandkörner hinwegrieseln.
Alles geschah in totaler Eintönigkeit.
Es ist mir jetzt egal, ob gekämpft, - ob gesiegt wird.

VETILIAMUS

Letzte Nacht durchwanderte ich die Straßen Roms.
Am Fuße der Säulen der Elysischen Felder
suchte ich meiner Geliebten brennende Lippen.
Begehren stieg in mir auf
zu unbekannten göttlichen Höhen.
Der Kuss war süss unter dem Himmel von Rom.
Und die Musik des Verlangens
war lieblich. Ich war noch ein Mann!
Und dann saß ich in dem großen Amphitheater
und sah den berühmten Hebräer, Demetrius Liban,
die Rolle des „Apollinischen Juden" spielen.
Ich beobachtete die bejahenden römischen Gesichter
und stürmischer Beifall zerriss den römischen
Himmel.
Dann erwachte ich, und der Judäische Wind zischte

mir ins Gesicht.
Wir liegen im unfruchtbaren Schoß der Wüste,
während die Juden in Rom
wie Sieger und freie Menschen leben.
Wir sind nichts als Sklaven.
Während sie in gepolsterten Betten ihre Frauen
umarmen, umarmen wir den heißen Sand.
Wir werden wahrscheinlich sterben,
und der Stadthalter von Rom schläft
an den nackten Brüsten seiner jüdischen Geliebten
und verliert keinen Gedanken
an die Existenz von Masada.

SILVA

Auch ich lernte Hass an diesem düsteren Ort.
Bis jetzt nistete sich nur Verachtung ein in mein Herz.
Ein Soldat schafft Ordnung
und dann geht er weiter.
Aber du hast Recht, Vetiliamus,
auch wenn wir gewinnen, wird das kein Sieg sein.

VETILIAMUS

Ihr Tempel liegt in Ruinen;
bei Sonnenaufgang wird Masada
so tot sein wie verbrannte Trümmer.
Aber die Juden überleben alles.

SILVA

Ich fürchte mich vor meinem Hass, Vetiliamus.
Und nur durch meinen Hass ertrage ich meine Furcht.

VETILIAMUS

Die Juden beten bei Sonnenaufgang
und bei der Abenddämmerung.

Peitschen und Flüche sind vergebens.
Sie richten ihre zerschundenen Leiber
nach Jerusalem, auf ihren Tempel,
diesen Schutthaufen.
Jenseits des bezwungenen Gesteins lebt ihr Gott,
unsichtbar über Judäa schwebend.
Was ewig ist, kann Rom niemals zerstören.
Was die Väter ihren Söhnen in die Ohren flüstern,
rufen sie den Soldaten zu, die sie verfluchen.

SILVA

Solch ein Widerstand ist gefährlich,
denn hinter ihrer Verrücktheit
lauert Mut.
Mut hat Rom erhaben gemacht,
und der Mut der Sklaven gefährdet Rom.

VETILIAMUS

Ja, zuerst flüsterten sich die Offiziere zu,
dass hinter diesem Mut Stärke liegt.
Und dann begann er, wie der weit geöffnete Mund
eines Strudels unsere Soldaten einzusaugen.
In Jerusalem haben sie sich - noch bevor wir kamen -
gegenseitig getötet, und dann bekämpften sie uns
wie wilde Bestien.
Ich erinnere mich noch ihrer Priester,
die bis zum letzten Moment beteten,
ungeachtet des bevorstehenden Todes.
Ich sehe nur eine Lösung, mein Herr:
Verwischt alle ihre Spuren,
und die Erinnerung an sie.

SILVA

Ich bin ein ganz gewöhnlicher Mann, Vetiliamus.

Wenn ich glücklich bin, falle ich in der Freude
seidene Falten.
Wenn ich traurig bin,
fühle ich die Last vergangener Jahre.
Wenn mich Liebe erfüllt,
bricht der Frühling in meinem Körper aus.
Wenn ich hasse, hasse ich meinen Hass.
Ich liebe, was ich kenne.
Ich liebe mein Land, Rom, und wenn nötig,
würde ich für Rom sterben.
Wenn der Herrscher befielt:
„Vernichte sie!", würde ich nicht zögern,
doch wenn meine eigene Seele die gleichen Worte
spricht, durchzieht mich tiefe Scham.
Hier, am Ende des Jenseits,
bin ich gezwungen zu denken,
und die Gedanken quälen mich.
Ich habe erfahren, dass es jenseits der Bedeutung
menschlichen Lebens Tiefen gibt, die mich
wie Geister verfolgen.
Vetiliamus, sage mir ehrlich, gib mir
dein römisches Wort:
Kann unter diesen Trümmern ein unsichtbarer Geist
leben?
Kann es sein, dass in dieser barbarischen Wüste,
unter deren brennendem Himmel
keine Vögel fliegen,
der Geist eines lebendigen Gottes schwebt?

VETILIAMUS
Ich weiß es nicht, mein Herr.

SILVA
Nicht wissen, ist schlimmer, als das Schlimmste

zu wissen!

VETILIAMUS

    Ihr seht, was sie getan haben, Stadthalter:
    Sie haben uns das Leiden des Zweifels
    eingehaucht, und uns die innere Gewissheit
    genommen.

SILVA

    Und morgen, wenn wir die letzte Mauer,
    die Rom im Wege steht, vernichtet -,
    und alles lebendige Leben
    in Masada ausgelöscht haben,
    werden die Ruinen Masadas
    über die langen Schatten der kommenden Jahre
    flüstern, dass wir getötet haben.
    Doch es gab und gibt keinen Sieg.

PROLOG ZUR ZWEITEN SZENE

GEIST

> Was ihr jetzt sehen werdet, sind Wunder,
> die diese schreckliche Nacht erleuchten.
> Jenseits des Schmerzes lebt das Licht der Hoffnung.
> Und jenseits des Todes bin Ich ewig.
>
> So wie blinde Geschichte vorbei rinnt,
> werden eure Augen sehen,
> was *Meine* Augen jetzt sehen.
> Und wenn vom Schmerz blutige Tränen tropfen,
> dann vergesst nicht, dass es keinen Tod gibt!
>
> Was wilde Jahre auf Grund und Boden zerstören,
> wird weiterleben, solange sich die Erde dreht.

ZWEITE SZENE

Der Vorhang geht auf. Ein paar Stunden später. Die kleine Synagoge in Masada. Draußen ist alles von Feuer umzüngelt. Männer beten. Ihre Schatten bewegen sich unruhig, wie gigantische Geister. Nur hebräische Gebete sind zu hören, mit gelegentlichen Schreien. Ausserhalb der Synagoge – obwohl nicht sichtbar - steht die Menschenmenge von Masada; ihre Gegenwart ist durch die Reaktion auf Gebete und Geräusche spürbar.
Eleazar Ben-Yair, der Führer Masadas, kommt langsam in den Vordergrund der Bühne und spricht zum Publikum, als ob dieses das unsichtbare Volk von Masada wäre.

ELEAZAR

> Was das Gesetz nie erfüllen konnte, –

dass wir vereint vor dem Ewigen stehen, –
hat Rom mit einer einzigen Legion geschafft.
Was uns unser Schicksal immer verwehrt hat, -
dass wir den Sinn unserer Existenz konfrontieren -,
haben nun furchtbarer Tod und Flammen
erreicht.

Wir verbrachten unser Dasein in
lärmenden Epochen der Zeit.
Die Stunden erstarrten wie Kitt.
Gedröhn blockierte und betäubte unsere Ohren.
Ausgesperrt schrien die Stimmen des Lebens
vor unseren Häusern.
Farbenblind starrten unsere Augen ins Graue.
Und in totem Sonnenschein wurden wir,
winzige Staubkörner, in endlosen Tod gejagt.

Die blutigen Lumpen sind jetzt
von unseren Ohren gefallen.
Unsere Augen sehen eine neue Farbe:
des Todes dunkles Alpdrücken;
und über dieser bedeutsamen Nacht
dämmert das Urteil des Ewigen.
Die römische Peitsche ist Gottes Strafe
und prasselt nun – zum letzten Mal –
auf Israels blutenden Rücken nieder.

Doch große, gewaltige Nationen
wurden von Stürmen überwältigt
und sind vom Erdboden verschwunden.
Pocken-markierte Landkarten bewahren ihre Narben.
Wir leben nicht nur im Raum,
und nicht allein Zeit bindet uns an eine Nation.
Unser Zuhause ist das Gesetz und die Inspiration.

(Er hebt die Torarolle in die Höhe)

Solange diese heilige Schrift
in tiefsten Herzen lebendiger Seelen lebt,
hier und in Egypten, in Rom und in Babylon,
wird das Volk Israel Früchte tragen,
wo immer das Gesetz überlebt.
Aber jetzt, in dieser Nacht, müssen wir entscheiden,
bevor das Blut der Morgendämmerung
vom Himmel tropft,
welchen Tod wir uns wünschen:
den Tod eines Sklaven, oder den Tod
eines freien Menschen?
Was ist nobler: sich zu ergeben und von des Wilden
Hand umgebracht zu werden,
oder Mutter, Geliebte und Kind zu töten?
Die Zeit drängt.
Ihr müsst euch entscheiden.

YEHOSCHUA

Ist es von Bedeutung, wie ein Mensch stirbt -
voller Furcht, zitternd, stolz oder trotzig?
Der Erde Schoß kennt keinen Unterschied.
Lass' uns Gesandte zu Flavius Silva schicken
mit der Botschaft: „Herr, habt Gnade!",
und hoffen, dass viele Hunderte am Leben bleiben.

AKIVA

Beschämende, feige Worte!
Menschen, die von Rom Gnade suchen,
verdienen tausend Tode.
Wo war die Gnade in Caesarea,
als sie am Schabbat unsere Mütter

und Kinder zerfleischten?
In Damaskus floss das Blut in mörderischen Strömen
zwischen den Steinhäusern durch die Straßen,
wie vom Sturm aufgeschwemmte Flüsse.

YEHOSCHUA

Aber es geht ein Gerücht,
dass Silva human ist.

AKIVA

Der Sohn einer römischen Mutter,
unterm römischen Himmel geboren,
bleibt ein Wolf, auch wenn er
mit dem Fell eines Lammes bekleidet ist.

ELEAZAR

Meine Brüder, warum quälen wir
einander unsere Seelen -
genau im Moment des Untergangs?

YEHOSCHUA

Es ist einfach, zu sprechen, am Ende seines Lebens.
Aber das Schicksal derer, die jung sind, ist hart.
Was habe ich von der pulsierenden Welt gesehen
außer Rauch, Feuer und verkohlten Trümmern?
Das Traumbild meiner Gelüste
hat mich noch nicht zu einer Frau gebracht.
Für mich gibt es nur Morgen,
denn ich habe kein Gestern.
Ich bin kein Feigling. Nur jung bin ich.

AKIVA

Verzeih' die verletzenden Pfeile meiner Worte!
Manchmal weiß das Alter nicht, was es sagt.

Du träumst von den Wundern des Fleisches.
Aber diese Flamme entfloh meinem Körper
schon vor langer Zeit.
Und weil mein seniles Gehirn das Fieber, das mich
einst ergriff, vergessen hat,
nehme ich ewigen Zerfall als ewig wahr.
Die große Einsamkeit der Furcht
hat sich an die Stelle von Begehren geschlichen,
und ich verberge meine Feigheit
hinter einer Maske von Mut.

JOHN

Jung oder alt,
wir müssen jetzt auf dieser Feste
zu unserer Entscheidung kommen,
solange wir noch frei sind.
Was wird unser Tod für jene bedeuten,
die überleben?
Auf der anderen Seite dieser Feste,
über den Judäischen Hügeln,
wird das Leben, sogar in Sklaverei,
genau wie vorher weitergehen.
Und Sklaverei, wie Leben, dauert nicht ewig.
Unser Tod wird in denen weiterleben,
die Hoffnung in einem neuen Erwachen suchen.
Und hier ist die Botschaft unseres Todes
für die Ohren unserer Tyrannen:
„Hütet Euch! Eines Tages werden die Verfolgten
vom Staub aufsteigen
und ihre zersprungenen Ketten,
die wie Saat auf die Erde fallen,
werden das sonnendurchtränkte Morgen
fruchtbar machen.
Hütet Euch, denn die Peitsche

züchtigt die himmlischen Geister,
und der Tränenfluss
wird zu einem mächtigen Ozean,
der alle Verfolger hinwegschwemmt!"
Unser Tod wird Sinn haben,
und eines Tages wird hier, unterm freien Himmel,
unsere freie Nation zu der Welt singen:
‚Masada lebt, und wird ewig leben!'

ELEAZAR
Brüder, jetzt müsst ihr euch entscheiden!

CHOR (Drinnen und draussen)
Wir freie Menschen,
auf dem Gipfel dieses Berges,
vor der Vergangenheit,
vor der Zukunft,
schwören wir:

Vater, töte
die Frucht deiner Lende.
Mann, verwunde
tödlich deine Frau.
Bruder, bringe
deinen Bruder um.
Freund, lösche
das brennende Licht
deines Freundes aus.
Und Feuer soll jede
Spur von Masada verbrennen,
und Ruinen sollen den Sklaven –
wo auch immer sie sind – verkünden,
dass wir freiwillig das ruhelose,
schwere Gewicht unserer Seelen

in die Hände des Ewigen gegeben haben.

Einige weinen, andere starren ins Nichts. Allmählich verlässt jeder, ausser Eleazar, die Synagoge. Als Eleazar allein ist, fällt er auf seine Knie, und vom Feuer draußen umgeben, hebt er verzweifelt seine Arme.

ELEAZAR
> Das Wissen des Menschen ist so gering,
> und sein Mangel an Weisheit unendlich
> wie das Meer.
> Warum müssen wir für unsere Unwissenheit bluten,
> für jedes Korn von Wahrheit Schmerz erleiden?
> Müssen wir unsere Schwerter
> in lebendiges Fleisch stechen,
> damit das Gedächtnis an uns
> unterm brennenden Himmel überlebt?
> Warum der Tod von winzigen, strampelnden
> Kindern?
> Was ist der Grund für deren Schicksal?
> Mir fehlt das Verständnis für Dein grausam
> bitteres Gesetz, für die verschleierten Absichten
> Deiner Wege, mein Gott.
> Ich weiß nur das Eine: dass wir
> im Dschungel der Welt
> Sinn-suchend leben und sterben.

Von überall her können Angstschreie und Todesqualen vernommen werden. Die Nacht ist davon erfüllt. Während dessen hält er sich seine Ohren zu und schreit, beinahe besessen.

ELEAZAR
> Du, mein Ewiger, hast auf dem Berg Moriah

mit Abraham ein Bündnis geschlossen,
und verbotest für immer menschliches Opfer.
Von Isaaks Lende schufst Du ein Volk
und führtest uns von Sklaverei zum Berge Sinai.

Die Szene wechselt zum Licht auf dem Gipfel vom Berg Sinai.
Eleazar betrachtet diese Veränderung mit Bestürzung und
Angst.

ELEAZAR
Oh Ewiger, ich habe in einen Spiegel von Einsamkeit
gestarrt, vierzig Tage und Nächte lang.
Ich sah die brüllenden Stürme meiner Lust,
dunkle Klauen und namenlose Ungeheuer
fesselten mich an die Erde.
Mein Leben hatte keinen Sinn.
Ich trieb sorglos in Gewässern,
wie ein Blatt, das noch nicht reingewaschen war
von seinen ursprünglichen Farben.
Ich war von Deinem Licht noch nicht befruchtet.
Dich verleugnend, verleugnete ich mich selbst.
Jetzt falle ich vor Dir nieder, mein Gott,
von tausend Qualen durchdrungen.
Orgien von Erinnerung
dröhnen in meinem Gehirn
und trübe bildet sich der Gedanke,
dass Du allein der Anfang
und das Schicksal bist von allem.
Trübe bildet sich der Gedanke,
dass ich Dich unter einer Decke von Furcht
verborgen habe,
denn Du lebtest in mir,
wie Leben in kalten Steinen lebt.

Ewiger, mein G-tt, wie seltsam ist jetzt der
Geschmack auf meiner Zunge.
Wie seltsam ist das Licht in meinen Augen,
und die Färbung meines Verstandes.
Feuchte Arme der Angst strecken sich nach mir aus
um mich zu umarmen,
und diese Worte hallen seltsam über
der toten, verfluchten Leere wider.
Oh Gott, ich, der Mensch, rufe Dich an.
Lass' mich zu Dir kommen,
erlaube mir, Dich zu sehen!
Ich flehe Dich an: erlaube mir,
mit meinen blinden Augen
die wirklichen Farben des Lebens zu sehen!
Nimm' mich auf in Deine Ewigkeit.
Segne meine Seele zu Deiner Zeit
denn Du kennst die Wege
des unbedeutenden Menschen nur zu gut.
Du bist erhoben jenseits seiner Worte und Gebärden,
und tiefblickend siehst Du, dass wir nicht die sind,
die wir vorgeben, zu sein.
Ewiger, von Schwindel befallen
treibe ich Dir entgegen.
Meine Worte verdorren,
meine Zunge trocknet aus.
In meinem innersten Gehirn
flimmern plötzlich Lichter.
Sprich' zu mir, mein Gott!

ECHO

Sprich' zu mir, mein Gott!

ELEAZAR

Ich sah einst den Sklaven und ihren Herren zu.

Mein Herz war voller Mitleid,
denn die Sklavenbesitzer sind selbst Sklaven,
und im Herzen von Sklaven brennt Freiheit.
Nirgendwo gibt es Sicherheit.
Soweit das Auge sehen kann,
spielen Stürme mit menschlicher Asche.
Überall sind leere Luken,
und die Seele schreit nach Nahrung
in dieser endlosen Wüste.
Nur Du, mein Gott, kannst diese Sicherheit sein.
Es gibt keinen Anker in der Welt dort draußen.
Du bist die Ursache, der tiefste Grund,
der Sinn für alles was lebt.
Sprich' zu mir, mein Gott!

ECHO

Sprich zu mir, mein Gtt!

ELEAZAR

Meine Gedanken wirbeln in zwei Dimensionen.
Hier, in Sinai, bin ich anders, als ich wirklich bin.
Und bei Masadas Morgengrauen
werde ich mich in einen anderen Mann verwandeln,
in einen toten Mann.
Wer bin ich, oh Gott,
Und in welche Zeit hast Du Deinen Diener gestellt?

Plötzlich ängstigt ihn die Stille. Erde und Himmel sind lautlos.
Plötzlich durchzucken Donner und Blitze die Nacht, und alle
Farben des Spektrums überfluten die Bühne. Die Stimme
breitet sich im Theater aus.

STIMME

Es gibt weder Vergangenheit noch Gegenwart
im Buch der Bestimmung.

Nur wer keine Zeit hat, sucht.
Himmel und Erde leben in deinem Herzen.
Tod und Leben, beide, sind die Wahrheit,
wie zwei Seiten einer Münze.
Nichtwissen ist deine einzige Gewissheit.
Es gibt keine Lösungen
im Bündnis des Fleisches.
Nur Schmerz und Freude werden dich
das große Geheimnis lehren,
welches in deinem Herzen ruht.
Es wird Tausende lehren,
die, wie fallende Sterne,
erst scheinen, wenn sie im Weltraum fallen.
Der Gedanke, dessen Bedeutung dir entflieht,
wird deine Stärke sein in langen Nächten.
Jetzt führe ich dich
durch Demut und Erschauern des Gebrechens,
durch Hass ringsum, der deine Welt allerseits
wie eisiger Raum umgibt.
Ich führe dich durch
Sinn und Sinnlosigkeit,
denn ich wählte dich für Schmerz,
damit du einen Sinn daraus ziehst.
Frage nicht nach dem Grund des Schmerzes,
sondern wie du ihn benutzen kannst.

ELEAZAR

Die Last, die Du auf unsere Schultern legtest
ist so schwer.
Wir brechen unter ihrem Gewicht zusammen.
Wir sind nur nichtiges Gelump
und unsere Menschlichkeit
liegt so fern wie der unerreichbare Himmel.
Welche Bedeutung hat das Gesetz,

wenn wir dessen Sinn nicht verstehen?
Was ist der Glanz des Lebens wert,
wenn unsere Augen nur
eine Nacht voller Nebel wahrnehmen?
Mein Gott, sieh' doch
die schmutzigen Fetzen der Morgenröte,
die sich langsam über dem Meer des Todes
zusammenziehen.
Bei Sonnenaufgang wird es Dein Volk
nicht mehr geben.
Welches Gesetz ist dieses schreckliche,
tödliche Schicksal wert?
So viel sinnloses menschliches Opfer!
So viel bitterer Schmerz!
Die Ampel des Gesetzes,
die unseren Weg erleuchten soll,
wird uns zu Tode brennen,
denn es gibt keinen Weg zu beschreiten.

Als die Stimme zu sprechen beginnt, verneigt sich Eleazar.

STIMME
Trete heraus aus der Zeit
und kehre zu deinem Heute zurück,
bevor des Lebens Funke
in endlose Nacht verblasst!
Vollende deine Reise
durch die düsteren Jahre
und du wirst Antworten finden
auf deine menschliche Not.

Zurück auf Masada. In der Synagoge. Eleazar ist noch auf
seinen Knien. Das Geschrei der Juden, die einander töten,
erfüllt die Bühne.

PROLOG ZUR DRITTEN SZENE

GEIST

Macht ist vor Gewalt geschützt
und gibt nur dem Menschen, der leidet, neue Stärke.
Erlaube dem Tod nicht, dich irre zu führen,
wenn er sich auf die Kreuze stürzt.
Lass' dich vom fließenden Blute nicht beirren, -
es ist der Träger der Seele.
Nur ein Mensch, der von lebendigen Dämonen
besessen ist, glaubt,
dass Blutbäder ewig sind.
Sie denken, das ist alles:
Leben, Tod, Lust und Leiden.
Jener, welcher mit seinen Waffen Gräber gräbt,
weiß nichts von unserer kommenden Auferstehung.

DRITTE SZENE

Einige Jahre später. Später Nachmittag. Dämmerung auf den
Judäischen Hügeln. Die Strahlen der Sonne fallen auf zwei
Kreuze. An einem der Kreuze hängt sterbend Eleazar. An
dem anderen seine Tochter. Zwei römische Soldaten (Silva
und Vetiliamus) stehen Wache, und drei Juden stehen oder
knien um die Kreuze. Die Gestalten sind wie zuvor.
Vetiliamus wendet sich zu Eleazar und seiner Tochter hin.

VETILIAMUS

Diese verdammten Rebellen!
Werden sie niemals sterben?

SILVA

Ich weiß nicht wer lebt und wer stirbt.

Alles ist ein furchtbarer Alptraum,
von dem wir niemals erwachen werden.

YEHOSCHUA

Mein Herr, findet Gnade in eurem Herzen
und rettet sie, solange ihr könnt.

SILVA

Das Recht der Begnadigung
steht nicht in meiner Macht.
Ich gehorche nur Befehlen.

YEHOSCHUA

Wenn die Menschlichkeit in eurem Herzen
nicht siegt,
werden in der Zukunft Unzählige töten,
während sie die Worte wiederholen:
„Ich gehorche nur Befehlen."
Mein Herr, das Gesetz der Gnade
ist höher als das eines Menschen.

SILVA

Was wird aus der Ordnung der Dinge,
wenn ich schwach werde?
Was wird aus Rom,
wenn Rebellen am Leben bleiben?

VETILIAMUS

Rom ist wichtiger als die Menschlichkeit
in unseren Herzen.

YEHOSCHUA

Was ist Gesetz, wenn es
blind für Gnade ist?

Welche Stärke kennt keine Schwäche?

VETILIAMUS
> Es ist das Recht der Starken,
> die Schwachen zu brechen.

AKIVA
> Fleh' sie nicht an und weine nicht!
> Erinnere dich nur:
> Jahrtausende hindurch
> wurde Macht nie von Tränen überzeugt,
> nur von größerer Macht.

VETILIAMUS
> Hör', Silva,
> der Jude spricht die Wahrheit!

AKIVA
> (zu Yehoshua)
> Erinnere dich an die Sterbenden -
> morgens, mittags und abends.
> Und eines Tages, wenn die Römer am Kreuz bluten,
> erinnere dich, was sie uns lehrten:
> ''Es ist das Recht der Starken,
> die Schwachen zu brechen!''

JOHN
> Was sind das für heidnische Worte, Akiva?
> Wir können nicht zu unseren eigenen Feinden
> werden und wie die Römer handeln!

AKIVA
> Warum sollen wir uns von anderen unterscheiden?
> Warum sollen wir für diese Mörder bluten?

JOHN

> Ach, ich selbst fühle oft
> die Last der Wahrheit deiner Worte.
> Auch ich würde manchmal gern
> die Botschaft von Sinai von mir abschütteln;
> aber das ist nicht möglich.
> Allein der Gedanke beschämt mich.

Eleazar wendet sich zu seiner Tochter hin, von einem Kreuz zum anderen.

ELEAZAR

> Wer bist du, Kind? Ich kenne dich!

MÄDCHEN

> Ich wurde aus einem Traum geboren.
> Ich bin dein.
> Ich bin dein Blut, deine Leidensgenossin
> unter der untergehenden Sonne.

ELEAZAR

> Die Kreuzigung hat mein Gehirn
> empfindungslos gemacht.
> Hilf' mir auf diesem schweren Weg
> und sage mir, mein Mädchen,
> was brachte uns auf diesen Hügel des Schmerzes?

Akiva, John und Yehoshua beten, sich in traditioneller Weise hin und her bewegend. Silva und Vestiliamus schauen gelangweilt auf die Gekreuzigten.

MÄDCHEN

> Mein lieber Vater, wir haben gesündigt!

Mord und Todesangst umgeben uns.
Es ist verbrecherisch.
Unser Land wurde durch brutale Macht
und Barbaren zerstört,
und das Gesetz fiel in gähnende Leere.
Doch das kann nicht das Ende von allem sein.
Dieser Fluch wird der Beginn eines Segens sein.
Ich bin hier, bin geboren, deinen messianischen
Traum wieder aufzubauen.

Plötzlich erscheinen sieben Heiden auf der Bühne. Sie
repräsentieren sieben griechische Städte.

EPHESUS
(zu Silva)
Wir kommen im Namen von Rom,
diese Rebellen mitzunehmen.
Hier ist eine Botschaft vom Herrscher.

Silva liest die Schriftrolle und nachdem er sie sorgfältig
gelesen hat, sagt er:

SILVA
Ja, die Rebellen gehören dir.
Tu' mit ihnen was du willst!

Die Heiden töten die drei Juden, während die Römer
unbeteiligt dabei stehen.

SILVA
Komm', Vetiliamus, unsere Aufgabe
ist vollendet.
Ich bin gespannt, wohin uns
unser Schicksal jetzt führen wird.

Die zwei Römer verlassen die Bühne.

MÄDCHEN
(zum Vater)
Mein Gott, was nun?
Unter den Kreuzen starren uns sieben Heiden an,
bereit, sich auf uns zu stürzen.
Ihre ausgehungerten Augen
kleben an meinem Leib
wie Fliegen auf Fruchtfleisch.
Vater, Vater, ein ungeheurer Orkan der Furcht
verschlingt meinen Leib.
Wir sind gekreuzigt,
und sie sind sieben ...

EPHESUS
Alter Mann! Jude!
Wir nehmen jetzt deine Tochter,
denn ihre Schönheit blendet wie die Sonne.

SMYRNA
Ihre weiße Haut ist weich wie frisches Brot,
und wir sind mächtig hungrig, Jude.

PERGAMUM
Ihre Brüste sind wie die Hügel von Galliläa,
die verführen, sie zu erklimmen.

THYATIRA
Zwischen ihren Schenkeln
verbirgt sich ihr Geheimnis,
und wir werden das Geheimnis aufzwingen.

SARDIS

> In ihrer Oase lebt Gott,
> und wir wollen diesen verborgenen Gott sehen.

PHILADELPHIA

> Ihre Lippen, wie blut-rote Kirschen,
> laden unsere durstigen Zungen
> zu einem Festmal ein.

LAODICEA

> Wir werden dich jetzt töten,
> du verdammter Jude!
> Aber deine Tochter wird mit uns leben.

MÄDCHEN

> Vater, Vater, lass' es nicht zu,
> dass sie mich mitnehmen!

ELEAZAR

> Ich höre Worte,
> aber mein Verstand ist taub.
> Was ist dieses entsetzliche Chaos?
> Ich bin machtlos.
> Ich bin so müde!

Mit einem Hammer erlösen sie das Mädchen vom Kreuz und reißen ihre Kleider herunter. Sie tanzen herum und stoßen sie schließlich nieder und vergewaltigen ihren blutenden Körper einer nach dem anderen, während die anderen weiter tanzen. Diese Episode ist eine völlige Entheiligung von Sexualität.

CHOR DER HEIDEN

> (während der Vergewaltigung)

Dein Vater ist erledigt.
Öffne das Geheimnis deines Fleisches!
Dein Bastard Sohn wird den Traum
deiner Vorfahren verleugnen.
Wir werden ihm beibringen
zu hassen, zu lügen und zu betrügen.
So rächen wir uns dafür,
dass du der Welt ein unmögliches Gesetz,
einen unsichtbaren Gott gegeben hast.

Eleazar richtet seine sterbenden Augen himmelwärts. In der
vorrückenden Nacht sticht einer der Heiden Eleazar mit
einem Speer, während die anderen das Mädchen von der
Bühne schleifen.

PROLOG ZUR VIERTEN SZENE

GEIST

>Nur der Schauplatz wechselt.
>Die Darsteller sind immer die gleichen.
>Es ist gleichgültig, ob Hass *dieses* Gewand trägt,
>oder andere Kleidung.
>Doch sich über jeglichen Hass erhebend,
>bewegt sich jetzt mein Geist in ihnen.
>Prediger, Poet, Schuhmacher:
>Sucht Sinn unter der Sonne!
>So, wie der Sand der Zeit langsam abläuft,
>werden die Menschen mich kennenlernen.
>Ich werde nicht immer abseits stehen,
>getrennt von denen, vor diesem Vorhang.

VIERTE SZENE

Irgendwann im Mittelalter. Die Synagoge in einer kleinen deutschen Stadt. Draußen sieht man durch die Fenster Licht von Feuer und Schatten. Offenbar versuchen die Kreuzfahrer die Stadtmauern zu durchbrechen. Wenn der Vorhang aufgeht, schwingen sich Gestalten im Gebet, wie in der Szene in der Synagoge auf Masada, und an der Mauer sind die Schatten vergrössert , wie Geister. Alle Einzelheiten und die Atmosphäre sind fast identisch mit der in der Synagoge auf Masada. Eleazar geht in den Vordergrund der Bühne und spricht zum Publikum.

ELEAZAR

>Einst waren wir zusammen
>in der blutigen Tiefe der finsteren Nacht.
>Ihr seid gestorben,

und dann wurdet ihr wiedergeboren.
Jetzt winkt der Tod euch wieder zu.
Ihr wart mit mir auf Masada,
als das Schwert von Rom
durch die Nacht zischte,
und auf dem Gipfel der Hügel,
als der römische Hammer
euch ans Kreuz nagelte.
Jetzt sitzt ihr hier in einer anderen Zeit.
Nur eure Kleidung
sieht anders aus als damals.
Aber die Bürden sind genau die gleichen.
Außerhalb dieser Synagoge
feiert Dunkelheit, nackte Nacht
einen Ball in der großen Welt
und jenseits der Grenzen
fürchten Millionen um ihr
zerbrechliches Leben.
Gewaltige Herrscher haben immer noch die Macht
und in den Schwachen züngeln Flammen
zitternden Hungers.

Die Kreuzfahrer kommen.
Sie haben Rom ererbt
in der profundesten Mitternacht der Welt.
Und wir verkünden noch
die altertümlichen Gesetze.
Einst, vor langer Zeit,
erörterten wir, ob unser Tod einen Sinn hat
für die, die weiterleben,
und heute sind wir die Lebenden.
Wir glauben an das Leben.
Und der Sinn des Lebens ist Wissen.
Seine Bedeutung muss absorbiert werden.

Das ist der Grund, weshalb wir
durch die blutigen Jahrhunderte hindurch
noch immer das Gesetz studieren.
Akiva, du bist Poet.
Sag' uns, was du gelernt hast!
John, du bist einer unserer Lehrer.
Was ist der Geschichte verborgene Botschaft?
Yehoshua, du bist Schuhmacher.
Was hat dich dein Handwerk gelehrt?

Einige Minuten lang ist es still und Akiva, der Älteste der drei,
kommt langsam in den Vordergrund der Bühne.

AKIVA

In der Stille endloser Nächte,
wenn sich Träume auf müde Lider herablassen,
steigen wir in eine Welt, die ewig ist,
über der bekannten Gesetzmäßigkeit schwebend.
Nur das Herz ist zu dieser sonderbaren Reise fähig.
Ohne Träume ist Bewußtheit tot,
denn ohne Verborgenes, gibt es kein Erkennen.
Und ich, der Dichter, eröffne euch nun:
Der Raum, aus dem die Musik meiner Worte klingt,
ist jenseits aller Kenntnis.
Und wenn ich die Melodie, die ich höre,
niederschreibe,
bin ich nur eine Harfe in Gottes Hand.
Jene, die schreiben, Musik kreieren,
malen oder schnitzen,
sie kennen die Tiefe der Träume,
aus denen alle Stärke entspringt.
Und weil Stärke ewig ist wie die Sonne,
weiß ich heute:
Es gibt keinen Tod.

ELEAZAR

    Und welche Antwort gibst du denen,
    welchen Träume entgehen,
    wie die Sonne die Nacht vermeidet? -
    Die nur glauben, was ihre Augen sehen,
    und die die jenseitige Welt leugnen?

AKIVA

    Wir alle fühlen die liebkosenden
    Strahlen der Sonne,
    und den Wind,
    der, wie liebende Frauen,
    die müde Braue streichelt.
    Wir alle fühlen, wie sich die Welt
    unserer Kinder öffnet;
    und die Liebe, die wie ein geheimer Faden
    Menschenherzen verbindet.
    Wir fühlen den belebenden Schmerz der Liebe
    und das Geheimnis,
    das zwischen den Schenkeln der Frauen lebt.
    Und in der müden Dämmerung
    das dämmernde Wissen,
    dass Gott jenseits aller Freuden lebt.
    Alle sehen wir die Knospen in den Bäumen,
    und an einer Quelle Staubwolken
    sich verbreiten an des Himmels blauem Spiegel, -
    Wolken, die sich wie Liebende nachjagen
    bis sie sich schließlich umarmen.
    Wir sehen unserer Mutter Gesicht
    an einem schönen Morgen
    und ihr weiches Lächeln,
    das uns nie verlässt. Wir sehen Täler und Berge
    und winzige Seen zwischen den Schenkeln der Hügel.

Eleazar, man muss kein Träumer sein, um zu
träumen.
Das Auge sieht nur Formen,
aber ohne Herz gibt es nirgends Inhalt.
Wenn wir nur sehen, was existiert,
sehen wir nichts, weil Dinge sich ständig verändern.
Und wenn unser Verstand
den Traum nicht hören kann,
erstickt er das Wesentliche.

Er geht zu seinem Platz zurück und John, der Rabbi, kommt
in den Vordergrund der Bühne.

JOHN

Das Meer des Leidens ist eisig kalt
und der Fluss in seinem Bette
findet seinen Weg von selbst.
Wenn wir den Weg zum Ufer nicht kennen,
ist es nur zu einfach,
den Kampf aufzugeben.
Warum sich diese blinden Mächte
in uns ausdehnen,
werden wir nie verstehen.
Aber was nützt es dem Ertrinkenden,
den Grund für seinen Schmerz zu kennen?
Die einzige Frage, die eine Antwort braucht,
ist nun, ob wir die Stärke haben,
dem Ufer entgegen zu schwimmen.
Wenn wir uns nicht über
die Vergangenheit beklagen,
aber klar wahrnehmen,
wo unsere Zukunft liegt,
wartet jenseits des Ufers
unser ehemaliges Land,

Städte und Felder, Berge und Flüsse,
Arbeit, Liebe und Leben.
Sonnenuntergänge warten
auf den Dämmen des Jordans,
und neue Morgenröte
zwischen den Bergen Gottes .
Lebende Hoffnung aller Toten
erwartet uns unter der Asche Jerusalems.
Die Aufgabe des Lehrers ist immer,
zu lernen, und sein spärliches Wissen
mit anderen zu teilen.
Das ist es, was ich gelernt habe und euch gebe
in dieser schicksalhaften Nacht,
geladen mit mächtigen Flammen.

Er geht zu seinem Platz zurück. Yehoshua wartet, bis er sich
niedergesetzt hat, und kommt dann in den Vordergrund der
Bühne.

YEHOSCHUA
Zuerst nimmt man das Leder,
dann das Messer.
Das Messer gibt der Haut Form.
Die Füße werden umrissen – wie lang?
Wie hoch?
Mit winzigen Nägeln verbindet der Meister
das Leder mit der Sohle.
Nun hört gut zu:
Das Leder ist tot, und so ist das Herz.
Und die Nägel liegen tot und bewegungslos,
denn das Image liegt
in der Vorstellung des Meisters.
Er sieht den Schuh, noch unfertig,
denn Schöpfung träumt in des Meisters Seele.

Seht ihr, er sieht, was keiner von euch sehen kann:
Das stille Warten mühsamer Stunden,
während seine Hände toter Materie Gestalt geben.
In seinen Händen wird Stoff zu neuer Form
verwandelt: und der Schuh ist fertig.
Ohne den Meister gibt es keine Schöpfung.
Und ohne den Jäger, der das Leder bringt,
ist der Meister Nichts.
Um Wissen zu erlangen, muss man schwitzen,
und es gibt kein Handwerk ohne Geduld.
Da sitzt Stolz in einem gutgemachten Schuh,
änlich der Inspiration des Dichters.
Manchmal, wenn ich auf meinem
niedrigen, runden Schuhflicker-Stuhl sitze,
tief den Duft des Leders einatmend,
denke ich, dass wir in Gottes Hand
vielleicht auch solche Schuhe sind.
Und wer versteht den Handwerker besser als Gott,
der das gleiche mit menschlicher Materie macht?

Er geht zu seinem Platz zurück und setzt sich. Eleazar spricht
zu den Zuschauern, während jenseits der Bühne eine
lärmende Menschenmenge zu hören ist.

ELEAZAR

Vielleicht denkt ihr, wir sind verrückt geworden,
über Leben zu sprechen in der Stunde des Todes;
dass wir planen sollten, um unser Leben zu retten.
Aber Verteidigung, so lernten wir,
stammt von Wahrheit und Wissen
und beide sind noch wie ein hilfloses Kind.
Was wir wissen, ist wie grünes Obst, unreif.
Jedes Tier kämpft, aber das Recht
des Menschen ist es, zu lernen,

immerfort zu lernen.

Der erste Jude rennt in die Synagoge.

ERSTER JUDE
    Der Bischof hat die Stadttore geöffnet.
    Der Pöbel tötet alles, was ihm in den Weg kommt.
    Sie kommen wie eine Flut.
    Das ist das Ende!

ELEAZAR
    (als ob er nichts gehört hätte)
    Für Wissen zu leben, ist der einzige Sinn,
    dafür zu sterben, die wahre Bedeutung.
    Die, die sterben wollen, werden sterben.
    Aber ich rufe noch: Leben!

Niemand bewegt sich. Der zweite Jude kommt in die
Synagoge gerannt.

ZWEITER JUDE
    (außer Atem)
    Der Bischof, der Bischof ist auf seinem Weg.
    Die Kreuzfahrer haben uns umringt.

Der Bischof (Silva) und der Priester (Vetiliamus) betreten die
Synagoge. Der Bischof hält ein Kreuz, der Priester einen
Behälter mit heiligem Wasser. Von draußen her hört man
eine lärmende Menschenmenge.

BISCHOF
    (zu Eleazar)
    Ich komme zu euch im Namen Jesus
    in dieser Stunde der Verzweiflung,

um eure Seelen zu retten. Wer zustimmt,
seine Seele erlösen zu lassen,
wird unter uns als freier Mann leben.
Aber das Schicksal dessen,
der weiterhin unseren Christus verleugnet,
wird Schmerz und Tod sein.
Ich komme zu euch in Jesu Namen.

ELEAZAR

Draussen auf den Straßen brüllt die Menge.
Wilde Bestien dürsten nach unserem Blut.
Was für eine verfluchte barbarische Kirche
toleriert so etwas,
und spricht von Erlösung im Schatten des Todes?

BISCHOF

Ich bin nicht für das Volk verantwortlich.
Ich glaube nicht an mordlustige Macht.
Aber ich kann den Damm nicht brechen,
um die schäumende Flut
der Glaubenskrieger zurückzuhalten.

Weil ihr das Wort unseres Herrn verleugnet,
und weil ihr unseren Jesus ans Kreuz genagelt habt,
gibt es keine Strafe, die je genug sein kann.
Doch wer auf seine Knie fällt
und sich seine heidnische Braue
mit heiligem Wasser benetzen lässt,
wird bis jetzt noch unerahnte Freiheit erlangen.
Auf eure Knie, ihr Sünder,
solange die Zeit noch reicht!

ELEAZAR

Alles, was uns geblieben ist,

ist unser Glaube.
Wenn er erlöscht, sind wir wahrlich tot.
Dieser, unser Glaube,
hat durch lange Jahrhunderte geflüstert,
dass Gott kein Fleisch und keine Form hat,
keine Verwandtschaft, - Vater, Mutter oder Sohn.
Was unvorstellbar ist,
kann in keine Gestalt gebracht werden.
Wir können keine Mörder Gottes sein,
denn man kann nichts töten, was untötbar ist.
Nur Heiden suchen Gott in menschlicher Form.
Nur Heiden töten im Namen solcher Götter.

PRIESTER

Gotteslästerung, mein Herr Christus!
Es hat keinen Sinn, Gesindel wie dieses zu retten.
Der Satan versteht eines:
Feuer verzehrt ihre widerlichen Leiber.

BISCHOF

Vetiliamus, wir sind nur Menschen.
Der Teufel lebt in jedermans Herzen.
Wenn wir diesen gemeinen Leugnern
nicht vergeben,
werden wir nie Absolution erlangen.

(zu Eleazar)

Auf meinen Knien bitte ich euch:
In Gottes Namen, rettet eure Seelen!

Niemand bewegt sich.

Ich wünsche nicht das Opfer des Todes,

und es ist sinnlos, für falsche Ideale zu sterben.

AKIVA

> Und abwegig ist die Naivität,
> dass eine Geste und ein Tropfen Wasser
> einen Menschen befreien kann.
> Und gefährlich die Selbsttäuschung,
> die von Vergebung spricht,
> während der Pöbel draußen
> Hass-Schreie ausstößt.

PRIESTER

> Du verdammter Jude,
> Nachkomme des Fluches!
> Dein Schicksal sind Tod,
> Flammen und Qual.
> Genug deines Predigens!
> Dein wertloses Leben
> trifft endlich sein Schicksal.

Der Priester reißt das Kreuz aus der Hand des Bischofs und schlägt Akiva damit. Dann rennt er zur Tür, reißt sie auf, und die Kreuzfahrer rennen in die Synagoge. Die Kreuzfahrer sind die gleichen sieben Heiden wie in der vorhergehenden Szene. Der Bischof fällt auf seine Knie und betet.

PRIESTER

> Tötet sie! Trinkt ihr Blut!
> Zerreisst ihre greulichen Leiber!
> Stecht ihnen die Augen aus!
> Schneidet ihre Zungen heraus,
> im Namen unseres Herrn Jesus Christus.

Der Priester ergreift Yehoschua, stößt seinen Kopf heftig in das heilige Wasser und bekreuzigt sich über dem Ertrinkenden. Wenn sich der Priester dessen Todes sicher ist, spricht er.

PRIESTER
> Der Herr hat genommen
> sein reuiges Kind.

Entsetzliches Gemetzel vollzieht sich in der Synagoge. Die Juden werden einer nach dem anderen von den Kreuzfahrern hinausgeschleift, lebendig oder tot. Draußen sind lodernde Scheiterhaufen zu sehen. Der Priester begleitet sie auf ihren Mordgängen, nachdem er das Kreuz vor die Bundeslade gelegt hat. Nur der Bischof bleibt in der Synagoge, vor der Bundeslade und dem Kreuz kniend. Eine einsame Kerze flackert in der Dunkelheit. Draußen verbreiten sich die Feuer, und Schreie drängen in die Synagoge. Plötzlich steht das Mädchen vor der Bundeslade.

MÄDCHEN
> General Silva, Henker von Rom,
> Bischof der Kirche,
> erinnert ihr euch, wie alles begann?

BISCHOF
> (erschrocken)
> Mir dämmert etwas von einem fernen Traum,
> als ob mir Schatten tote Worte zuflüstern.

MÄDCHEN
> Des Traumes Ferne ist die Wahrheit von Gestern.
> Und das Echo der Schatten
> hallt mit euren eigenen Worten

aus der Vergangenheit wider.
Denn, General Silva, Henker und Prinz der Kirche,
ihr ward der Diener der Macht.
Bis ihr diese machtvolle Gewalt beherrscht,
werdet ihr ein Werkzeug sein im Griff der zähen,
klebrigen Unterwelt.

BISCHOF

Ich kenne dich nicht, Gespenst!
I weiß nicht, was du von mir willst!

MÄDCHEN

Wenn ein Mensch sich im bannenden Kreis
der Wahrheit verirrt,
beginnt er,
die Worte seiner eigenen Gefühle zu verleugnen.
Verleugnet mich nicht, Flavius Silva!
Wenn ihr es tut, ist Hoffnung verloren.

BISCHOF

Aber wenn ich meine Gefühle nicht verleugne,
was wird aus meiner Kirche?

MÄDCHEN

Gestern sagtet ihr:
„Was wird aus Rom, wenn ich Schwäche zeige?"

BISCHOF

Ich erinnere mich an nichts,
und du, Gespenst,
bist eine Fremde für mich.

MÄDCHEN

Ihr habt mich am Kreuz getötet.

Ihr werdet mich erneut töten!

BISCHOF

Oh mein Herr Jesus,
rette mich von dieser Erscheinung!
Verstopfe meine Ohren,
damit ich die Stimmen von Gestern nicht höre!

MÄDCHEN

Du armer, armer schwacher Mann,
der Macht unterwürfig,
der Macht, die alle Schwäche verschmäht.

BISCHOF

Weg von diesem verfluchten Ort,
wo der Satan wohnt!

Der Bischof rennt aus der Synagoge und lässt das Mädchen zurück, das allein in schwachem Kerzenschein vor der Bundeslade und dem Kreuz steht. Draußen sind die Flammen erloschen und es ist vollkommene Stille.

PROLOG ZUR FÜNFTEN SZENE

GEIST

Eine Seele zu sein ist manchmal zu schwer,
wenn das lange Messer
direkt durch das Herz schneidet.
Ich bin in dieses Jahrhundert gekommen,
in die feurige Hölle aller Zeitalter der Erde.
Wir überqueren jetzt das Meer aller
Zeiträume.
Dies ist ein suchendes Volk,
ich bin der Geist.
Ich werde ein Teil des Blutstromes werden,
der noch kraftvoll durch ihre Adern rauscht.
Wenn das Leben wie ein Licht erlöscht,
lebe ich noch weiter, jenseits des Blutes.
Zuzeiten sind Millionen Tode
nichts weiter als der Beginn eines neuen Lebens.

FÜNFTE SZENE

Mittelalterlicher Gerichtssaal. Der Papst, Silva, sitzt auf
einem hohen Thron, eine päpstliche Krone tragend, von
Prunk umgeben. Die Ankläger sitzen in einer getrennten
Kabine nebeneinander. Vetiliamus ist ein Dominikaner
Priester; Ephesus, der General einer Europäischen Nation;
Smyrna ein hoch-rangiger SS Offizier mit einem Hakenkreuz
auf seinem Armband. Auf der Bank der Angeklagten sitzen
Eleazar, Akiva, John und Yehoshua.

Eine Folter, schwer mit Eisen und Hufnägeln, steht
senkrecht, bereit für die Gefangenen. Philadelphia trägt die
dunkle Uniform eines Henkers, sein Gesicht mit der Henker

Maske verhüllt. Wie in der vorangegangenen Szene, sind die
Stimmen und das Geschrei des Pöbels durch die Fenster zu
vernehmen. Durch die Fenster kann man brennende Pfähle
sehen, und später die flammenspeienden Schornsteine des
Krematoriums. Der Geist und auch das Mädchen sitzen auf
der Bank der Verteidiger. Außerdem sitzen noch einige
Heiden unter den Zuschauern.

Ein paar Minuten lang nachdem der Vorhang aufgeht, sind
alle Schauspieler unbewegt, wie Statuen aus Stein. Die
Gefangenen tragen die Gefangenenuniformen des
Konzentrationslagers. Der Papst bekreuzigt sich und steht
vor dem Thron.

PAPST
    Im Namen des Vaters,
    des Sohnes und des heiligen Geistes
    haben wir den Gerichtshof
    aller Zeitalter versammelt,
    um die verdammenswerten Taten
    der Angeklagten zu ermitteln.
    Wir representieren alle Zeiten,
    und die ganze Welt.
    Die Geschichte erwartet unser Urteil.
    Ihr, die ihr anklagt,
    müsst die erlauchte Aufgabe,
    Anklage hervorzubringen,
    mit Würde darstellen.

    (Der Papst macht das Zeichen des Kreuzes über den
    Angeklagten und spricht zu ihnen.)

    Wir,
    Gottes erdenhafte Stellvertreter,

versichern euer Recht auf freie Verteidigung.
Wenn der Schmerz der Folter
unerträglich wird, dann gebt ein Zeichen,
und eure Qual wird geschwächt werden.
Denn obwohl ihr in diesem Verfahren
leiden müsst,
begehren wir, auf diesem Stuhl,
nur die Wahrheit,
nicht unbedingt euren Tod.
Unser Anliegen ist es,
die Wahrheit zu hören,
im Namen unseres Herrn Jesus Christus.

(Er bekreuzigt sich noch einmal.)

Wer ist nun der erste Ankläger?

DOMINIKANER

Im Namen der heiligen Kirche
will ich anklagen, mein heiliger Vater.

PAPST

Friede sei mit dir, Vetiliamus,
unser treuer Sohn!
Du darfst sie jedoch nicht im Namen der
heiligen Kirche anklagen.
Die Kirche Christus' ist neutral.
Aber gesetzmässig darfst du
im Namen des Dominikanischen Ordens
Anklage erheben.

DOMINIKANER

(verbeugt sich vor dem Papst)
So sei es, Vater.

Im Namen der Priesterschaft,
kann ich nun anklagen?

PAPST

Und was ist die Anklage,
unser Sohn, Vetiliamus?

DOMINIKANER

(zu den Angeklagten)
Ihr habt verleugnet,
dass der Messias gekommen ist.
Ihr wartet noch auf dieses Wunder,
welches schon geschehen ist.

(Auf das Zeichen des Papstes, werden die vier Gefangenen
an die Folter genagelt.)

PAPST

(zu den Gefangenen)
Antwortet auf die Anklage:
Wer spricht für die Angeklagten?

ELEAZAR

(weist mit seinem Finger zum Dominikaner)
Er spricht vom Wunder des Messias.
Was für ein Wunder hat uns hierhergebracht?
Was für eine Erlösung hat jemals
zunehmenden Schmerz in die Welt gebracht?
Dies ist die Finsternis aller Zeiten,
und niemand erhebt seine Stimme für uns.

GEIST

Sage nicht, dass niemand spricht:
Ich werde bei dir bleiben.

ELEAZAR

Geist Gottes, wer würde in solch einem Gerichtssaal
deine Worte verstehen?

GEIST

Du, Eleazar, begreifst die Bedeutung meiner Worte.

ELEAZAR

Sie sind taub.
Was nützt es, dass *ich* verstehe?
Wir sprechen, aber sie hören nur,
was sie hören wollen.

MÄDCHEN

So, wie wir zusammen auf dem Berg waren,
so bin ich jetzt in deinem Schmerz bei Dir, Vater.

ELEAZAR

Mädchen, Du bist zu jung,
um gegen sie zu kämpfen.
Hüte dich, damit du nicht auch
an einem neuen Kreuz
nocheinmal gekreuzigt wirst.

PAPST

(zu Eleazar)
Deine Schuld und dein Schmerz
mögen dich wahnsinnig machen,
doch du musst jetzt eine Antwort geben.

ELEAZAR

Ihr verlangt unser Leugnen,
weil ihr euren eigenen Zweifel
nicht aushalten könnt,

der euch das Leben zur Hölle macht.
Wir sind euer verzerrter Spiegel,
und reflektieren, was in den Schatten
eurer Seelen lauert.
Ihr wisst, dass es keine Erlösung gibt,
während Kriege wüten
und Rauch aufsteigt,
und die gierigen Flammen
der Schändlichkeit
mit ihren feurigen Klauen
in den blauen Himmel stechen.
Diese Verhandlung ist nicht gegen uns
inszeniert,
sondern gegen den Teufel, der in euch lebt.
Doch zum Schluss müssen wir,
und nicht der Satan sterben.

GEIST

Eleazar, leiste Widerstand,
werde niemals schwach!
Wer den Geist in seiner Seele trägt,
ist unsterblich.

ELEAZAR

Aber Fleisch umschließt den Geist,
zerbrechlich und dünn wie Glas.
Ich werde sprechen,
solange es mein Fleisch erlaubt.

DOMINIKANER

Heiliger Vater,
der Angeklagte antwortet nicht.
Er murmelt Worte
von Sinn beraubt.

PAPST

Leiden und Schuld
haben sein Gehirn zu schwer belastet.
Henker, lockere die Seile.

Der Henker entspannt die erdrosselnden Seile an Eleazars
Kehle.

PAPST

Wendet Euch nun den anderen zu,
Vetiliamus. Was sagt eure Anklageschrift sonst noch?

DOMINIKANER

(zu John)
Du hast Jesus als deinen ‚Gott' akzeptiert,
als deinen Herrn,
aber bliebst heimlich ein Jude,
wie der Rest.

JOHN

(zum Mädchen)
Einst kniete ich auf des Berges Höhe,
während wilde Mächte deinen Vater töteten.
Aber ich behielt meinen Glauben an die Wahrheit,
die du deklariertest,
und diese Wahrheit ist frei wie ein Vogel
und kann nicht in einen Käfig gesperrt werden.
Wenn Rom nie die Heiden geschickt hätte,
um deine zarten Glieder zu verletzen,
dann gäbe es keine Kirche, keinen Papst,
keine Anklage, keine Folter, keinen Schmerz,
keine vergebliche Verteidigung;
nur die Wahrheit von Sinai:

das Wasser von der Quelle.

MÄDCHEN

Verdamme diese Halb-Menschen nicht,
die den Anschein anbeten,
und nicht die Wahrheit.

JOHN

Aber Verurteilung liegt in ihrer Macht.
Was von mir fließt,
ist menschliches Blut.

MÄDCHEN

Dein fließendes Blut ist dein Opfer,
so wie Samen oft
aus betauter Nacht spriessen.

PAPST

Dein Geschwätz bedeutet,
dass du die Kirche verleugnet hast.

JOHN

(schmerzerfüllt)
Ich verleugne,
was sie Verleugnung nennen.

DOMINIKANER

(zu Yehoshua)
Ich taufte deinen Vater
in einer blutbefleckten Nacht,
um deine Freiheit zu sichern
unter den Menschenkindern.
Doch insgeheim hast du Jesus Christus
verleugnet,

und im Geheimen verfolgtest du
den Glauben deiner Vorfahren.

YEHOSCHUA

Bewaffnet habt ihr meinen Vater umstellt
und seinen Kopf in heiliges Wasser gezwungen.
Ich, sein Sohn, habe mein Leben in Furcht gelebt.
Wenn ich nur dem Glauben meines Volkes
gefolgt wäre,
würde sich meine Seele jetzt vielleicht
gen Himmel strecken.
Aber ich bangte um mein Leben
und betrügte unsere uralte Wahrheit
bis zu diesem Moment,
wo meiner toten Seele
die gehasste Wirklichkeit bewusst wird.
Oh, ich war der Kirche treu,
doch jetzt bin ich ein schwindliges Blatt.
Ich suche den Baum, dessen Früchte
mein Schicksal sind.

DOMINIKANER

Dies sind meine Anklagen,
heiliger Vater.
Es steht außer Frage,
dass alle Gefangenen
ihre Schuld zugegeben haben.

PAPST

Es besteht jetzt kein Zweifel,
dass sie diese Sünden begangen haben.
Aber es gibt noch andere
in diesem Gerichtshof,
die, den Priestern folgend,

Anklagen hervorbringen werden.

GENERAL

Ich bin hier, heiliger Vater,
im Namen des Staates.

PAPST

Was sind die Anklagen des Staates,
General, mein Sohn?

GENERAL

Freiheit regiert in unserem modernen Land.
Wir haben dem heimatlosen Juden
ein Zuhause gegeben.
Wir haben ihren gelben Stern abgerissen.
Unsere Gesetze boten allen Gleichheit.
Und bald begannen sie
in Wissenschaft, Handel und Gewerbe
aufzusteigen.
Ihre Namen wurden berühmt
unter der Menschheit.
Respekt und Vertrauen umgab ihre Häuser.
Die Gefangenen dienten als Offiziere
in der Armee und waren Hüter geheimer Dinge.
Aber sie haben den christlichen Staat betrogen
und verkauften unsere Geheimnisse
an den Feind.
Ich verklage sie des Hochverrats
und der Revolution,
weil sie treue Nationen gegeneinander hetzen.

CHOR DER MENSCHEN
(draußen)
Ihr seid die Ursache des Krieges!

Ihr schürt die Flamme des Hasses.
Unser Söhne werden wegen euch getötet,
weil ihr unser Schicksal regieren wollt.

PAPST

(zu Akiva)
Jetzt kannst du deine Verteidigung hervorbringen.

AKIVA

Ja, wir wurden unseres Landes treue Söhne
und die sanften Strahlen passierender Jahre
begannen die offenen Wunden
unseres Fleisches zu heilen.
Zuerst wanderten wir noch in Furcht,
dann, allmählich,
wuchs unser Rückgrat gerade
und wir erhoben unsere Köpfe
wie andere Menschen.
Wir, die Heimatlosen der Jahrhunderte,
dienten unserem Land mit treuem Stolz.
Mit der Zeit vergaßen unsere Ohren
die Klänge der Vergangenheit.
Unsere Mütter lehrten uns
bei roter Morgendämmerung
eine neue Sprache.
Und ein Traum,
dass wir einst unser eigenes Land besaßen,
erlosch wie sterbende Kerzen
jenseits unserer Vorstellungen.
Religion war zu einem leeren Gefäß geworden,
aus dem Gottvertrauen wie Wind entflohen war.
Wir jagten durch die Schabbat-Abend Gebete,
als ob die schreckliche Vergangenheit
nur ein Märchen gewesen wäre.

Viele von uns besuchten fremde Altare
und betrügten die Wenigen,
die Gott auf altertümliche Weise suchten.
Wir verspotteten sie,
misbilligten ihre aus der Mode gebrachten
Ghetto Gewohnheiten,
und wir entwickelten uns zu modernen Menschen
in dieser modernen Welt,
wie einst zuvor in den Armen Athens.
Ja, wir haben die Träume
unserer Vorväter verleugnet,
dass die Judäischen Hügel ihre Söhne erwarten.
Als der Staat uns zum Kampf rief,
marschierten wir los, um zu töten.
Als der Staat Blut verlangte,
schlitzten wir unsere Adern auf.
Als der Staat befahl: "Hungert!",
schnallten wir unsere Gürtel noch enger,
und wir aßen erst, als unser Land es uns erlaubte.
Dann ergossen sich eines Tages
die toten Krater wieder.
Die grausame Lava verbrannte unsere Häuser.
Täler, Berge, Seen zischten,
wir hätten unser Vaterland betrogen, das Zuhause.
Und als die Feuer unsere Zukunft
zu Asche verbrannnten,
starrten wir betäubt
in die ferne Vergangenheit zurück:
Die Toten weinten an den Ufern des Jordans,
und tausende von Erinnerungen
winkten uns nachhause.

Für Nation und Staat sind wir keine
Verräter gewesen,

doch der alten Wahrheit gegenüber,
die uns hinaus in die Welt
gestoßen hat, waren wir es.
Dem Staat gegenüber sind wir unschuldig
wie Babies in den Schößen ihrer Mütter.
Doch schuldig sind wir, unsere lebendige
Vergangenheit betrogen zu haben.

GENERAL

Wie rührend sind die Tränen der Angeklagten!
Fast weine ich aus Mitleid,
wenn ich sie klagen höre.
Aber Vorsicht!
Sprache war schon immer
ihre geschickte Begabung gewesen,
aalglatt grausame Taten zu vertuschen.
Der Staat muss diese Maske
herunterreißen,
die nackten, verborgenen Verbrechen
dieser Monster zur Schau stellen
und verlangen, dass all die heidnischen Verräter,
die das Gesetz verletzen,
und gegen Moral und Nation verstoßen,
tausend Tode sterben.

AKIVA

Wir sind unschuldig! Wir sind unschuldig!

GEIST

Ihr hofft vergeblich,
euch zu verteidigen.
Sie haben keinen Grund, euch zu verfolgen
und daher suchen sie nach keinem.
Die Welt hat euch verurteilt,

noch ehe das Urteil gesprochen wurde.
Ihr könnt euch in dieser brennenden Welt
nicht auf Verteidigung verlassen.
Die Fackel des Hasses starrt
in eure sterbenden Augen.
Ihr seid allein,
wie Felsen in der sterbenden Flut.
Lernt endlich, wo ihr hingehört!
Geht nachhause in Geist,
und dann in Leiblichkeit.
Entwurzelt euch von diesem ungeheuren
See des Hasses!
Ihr habt nichts geerntet als Hiebe
stürmischer Gewässer.
Wenn ihr sterben müsst, dann,
um Gottes Willen,
sterbt zuhause, wo jeder Stein
eures Vaters Blut bewahrt.

ELEAZAR

Wo sollen wir die Kraft finden
für diese lange Reise?
Wie können wir mit gebrochenden Gliedern und
Rückgrat kämpfen?
Wer wird uns nachhause führen,
zu unserm uralten Land?
Antworte mir,
oh mein großer Geist!

GEIST

Als ich vor dem Vorhang stand,
habe ich nicht auf Wunder gewartet.
Aber dann kam dieser Moment,
und deine gebrochenen Worte

zwangen mich, zu handeln.
Wenn ich nun
in deine Seele zurückkehre,
wird das ewige Licht
verborgenen Verlangens
der neue Führer deines Schicksals werden.
Siehst du nicht, dass ich, die Seele,
jenseits des Leibes lebe?
Stärke dich jetzt in deinem Glauben,
wo deine Augen Dunkelheit bezeugen.

PAPST

Mir scheint es außer Zweifel,
dass diese Gefangenen
den Tod verdienen.
Schreite nun vorwärts,
letzter Ankläger!

SS OFFIZIER

Ich stehe hier, im Namen der Hölle,
sie, und auch die Kirche anzuklagen.

PAPST

(überrascht)
Die Kirche ist nicht angeklagt.
Ihr könnt nur die Gefangenen beschuldigen.
Was klagt die Unterwelt an?

SS OFFIZIER

Die Anklage, die wir vorbringen,
ist die gleiche,
die eure Kirche Jahrhunderte lang
gelehrt hat.

PAPST
> Dann werden wir uns verstehen.

SS OFFIZIER
> In dieser Verhandlung
> Könnt ihr nicht Richter sein,
> nur Zeuge.
> Verlasst euren Thron!
> Ich werde ihn übernehmen.

PAPST
> Darf ich fragen, im Namen welchen Rechtes?

SS OFFIZIER
> Im Namen des römischen Gesetzes,
> das lehrt,
> es ist das Recht der Starken,
> die Schwachen zu brechen.
> Eure Zeit ist abgelaufen.
> Ich verlange euren Thron.

PAPST
> Wir protestieren!
> Alle sollen wissen:
> Nur angesichts nackter Gewalt
> geben wir unseren Thron ab.

Der Papst verlässt den Thron und setzt sich zu den Anklägern. Aber in der zunehmenden Dunkelheit entfernen sich alle Ankläger und nur der SS Offizier auf dem Thron und die Angeklagten können gesehen werden. Der SS Offizier steht mit dem Hitler Salut auf.

SS OFFIZIER
> Öffne dich, Erde, verschlucke die Welt!

Teufel der Unterwelt, steht uns bei!
Universum, reinige dich, denn Liebe ist tot!
Wotan, machtvoller Geist,
komm' mit uns!

Jetzt erscheinen die Heiden und ihre Schatten schwanken
furchterregend im Dunkel. Sie tragen alle SS Uniformen und
das Gesicht des Teufels.

CHOR

Wotan, Wotan, machtvoller Geist,
komm' zu uns!

Wir stachen die Ungeborenen
aus der Frauen Schöße.

Wir zertrampelten Säuglinge
mit unseren Stiefeln.

Wir rissen Hodensäcke aus ihren Wurzeln
und machten giftigeTollkirschen daraus.

Mütter und Väter haben wir geschunden
und mit ihrem Blut waren wir gesättigt.

Wir brachen die Goldzähne
aus den Mündern der Toten und Alten.

Wir setzten die Welt in Flammen.

Wir spülten den Namen Gottes
im Klosett herunter.

Die Bäume bluteten grün.

Wir sind mächtiger als alle Geister.
Wir herrschen über alles.

Wir sind tiefer, als der Abgrund,
höher, als die Gipfel der Berge.

Wir zeigten den Menschen
das wahre Gesicht der Welt.
Amen!

Tötet, tötet, tötet!
Tötet bis kein Leben mehr übrig ist.

Die Folterkammer wechselt zu einer Gaskammer, indem eine
Dusche herabfällt. Enorme Flammen von den Krematorien
können gesehen werden. Alle Juden, der Geist und das
Mädchen sind darin.

SS OFFIZIER
        Ihr seid in meiner Macht.
        Tod zittert in euren Augen.

SS OFFIZIER
& CHOR
        Tod, Tod, Tod, Tod.

SS OFFIZIER
        Giftiges Gas
        wird eure Lungen zersprengen.
        Die Nacht wird eure Asche
        im Himmel verwehen,
        und der Wind
        wird den Geruch der verbrannten Leiber

in den Weltraum tragen,
wo kalte Verneinung schreit.

SS OFFIZIER
& CHOR

Und morgen,
wenn die Sonne aufgeht,
wird noch nicht einmal
ein Fetze von Erinnerung
übrig sein.

Wie irrsinnige Hexen, tanzt der Chor um die Juden herum.

CHOR

Weiß ist schwarz und schwarz ist weiß.
Nur Tod schreit in der Nacht.
Blut schmeckt gut.
Zerstörung ist Seligkeit.
Lange lebe Wotans ewiger Kuss.
Lange lebe Vergewaltigung.
Lange lebe der Mensch,
der elende Affe.
Lange lebe der Tod, die ewige Nacht.
Wo ist Gott, wo Seine ewige Macht?

Während die Teufel herumtanzen und die Verse im
Hintergrund still wiederholen, spricht der Geist.

GEIST

Vergesst nie, wie alles begann:
Der Befehl von Sinai
und eure Unsterblichkeit.
Erinnert euch an Masada
und haltet den Schwur,

den ihr damals und heute
zusammen geschworen habt:
dass ihr nie wieder als Sklaven sterbt.
Vergesst nicht die Wellen des Hasses,
und die uralten Träume.
Erinnert euch an die Hügel,
die alten Felder und Flüsse;
an das Versprechen des Ewigen,
dass ihr Sein Volk seid in der Welt.
Während Gas Tod in die Nächte sprüht,
trinkt vom Duft der Zitrus Früchte
auf den Judäischen Hügeln.
In den blauen Himmeln
erhebt sich die Seemöve und
gleitet, von der Luft getragen.
Erinnert euch der Schönheit der Herbstblätter!
Und im Ozean tanzen die Fische,
wie im Rausch.
Tausend Winter wird Tod euer Schicksal sein
an den Ufern des Toten Meeres.
Aber im Frühling werdet ihr immernoch leben.
Der Rauch aus den Schornsteinen
wird ermüdet hinabsteigen,
und in der Morgendämmerung
werdet ihr euren Traum erfüllen,
und eure Heimat, euer Land erreichen.

Die SS Teufel tanzen noch, aber ihre Bewegungen werden, wie in Zeitlupentempo, immer langsamer. Und dann beginnen ihre Schatten auseinanderzufallen. Alle scheinen tot zu sein, ausser dem Geist, der wie eine Statue über den scheinbar toten Leibern steht. Dann können der Geist und das Mädchen nicht mehr gesehen werden. Nur die toten Leiber liegen noch da. Man kann nur im Halbdunkel einen leeren Gerichtssaal sehen und die Schornsteine des Krematoriums und weiter, irgendwo wie in der ersten Szene, das brennende Masada. Totenstille. Dann ganz langsam (wie in einem Ballet) stehen die Juden auf und bewegen sich in gespensterhafter Weise auf das Publikum zu. Sonderbares Licht fällt auf die Gesichter dieser Toten. Schließlich stehen sie mit ihren weißen Gesichtern den Menschen im Publikum gegenüber und erheben langsam, anklagend, ihre Arme gegen sie.

PROLOG ZUR SECHSTEN SZENE

GEIST

Dies ist das letzte Mal,
dass ich euch hier anschaue.
Die letzte Szene ist kurz vor ihrem Beginn.
Mein Geist wird in denen leben,
die das Land aufbauen.
Das Land ist mehr als Erde, Wasser und Bäume.
Es ist nicht nur Raum
und Land und Meilen.
Alle Jahrhunderte sind hier versammelt.
Ich bin das Land.
Wenn sich Wirklichkeit
aus dem Traum erhebt,
verbirgt der sanfte Schleier des Wissens
die Vergangenheit.
Wie oft steht der, der Wunder schaffte,
ungläubig vor diesen Wundern.

SECHSTE SZENE

Ruinen der Synagoge auf Masada. Weiter unten brennen
jetzt Feuer. Rauch steigt auf und wird in der Synagoge
sichtbar. Eleazar steht in Mitten der Ruinen und Rauch
umzüngelt seinen Körper. Jenseits der gefallenden Mauern
kann man den Spiegel des Toten Meeres sehen und ein paar
übriggebliebene Teile der Citadelle von Masada. Eleazar ist
genau wie in der zweiten Szene gekleidet. Überall liegen
Leichen herum, und er spricht zum Geist.

ELEAZAR

Hier beginnt der Traum, und hier endet er.

GEIST

> Das Ende eines Traumes
> verkündet oft einen neuen Morgen.

ELEAZAR

> Asche, ein eingestürzter Altar,
> Tod und Einsamkeit soweit das Auge sehen kann.

GEIST

> Der Horizont ist noch nicht purpur gefärbt.
> Vielleicht umkreisen dich noch die feurigen Träume.

ELEAZAR

> (lauscht in die Nacht)
> Höre ich richtig?
> Es scheint, dass die Täler und Berge singen.
> Aber wer würde singen,
> wenn nicht die Eroberer?

GEIST

> Aber höre! Das ist nicht das Lied von Rom!

Bruchstücke hebräischer Melodien und Triumpfrufe steigen
aus dem Tal herauf.

ELEAZAR

> (aufgeregt)
> Die zerrissenen Worte erscheinen vertraut.
> Mein Herz erinnert sich an das fröhliche Lied.
> Mein Herr Geist, was bewegt sich hier?
> Sieg?

GEIST

Ja, die Töne, die du hörst,
bedeuten Sieg.

ELEAZAR

(ungläubig)
Und Rom ist gestorben?

GEIST

Und Rom ist gestorben.

ELEAZAR

(noch aufgeregter)
Wie konnten wir ohne Armee siegen?
Sag' mir in Gottes Namen:
Wer besiegte Roms stolze Legionen?

GEIST

Zeit und Geschichte.
Was du hörst, ertönt von einer neuen Epoche.
Israel ist wieder frei,
und das Land, was solches Leid erlebte,
ist erneut *dein Land*.

ELEAZAR

Was ist Traum? Was ist Wirklichkeit?
Oh Geist Gottes, sage es mir, sag' es mir jetzt!

GEIST

Dein Traum ist Wirklichkeit
und deine Wirklichkeit ist Traum.

ELEAZAR

Giftgas ergriff vor einem Augenblick meine Kehle.
Und davor tropften die Kreuze auf diesen Berggipfeln

mit Blut.
Und Rom. Und Silva.
Und unsere tausend selbst auferlegten Tode.
Und das Gelübte Sinais,
dass Tod nicht Oberhand gewinnen möge.
Hilf mir, Geist, in diesem schwindelnden Strudel.
Wer ist der Sieger? Wer ist besiegt?
Und wie kann ich die Zukunft singen hören?

GEIST

Die Welt des Menschen umfasst
Vergangenheit, Gegenwart und Zukunft.
Doch es gibt Orte, Leben,
Schicksale in den Händen des Allmächtigen Gottes,
die die Zeitgrenzen überschreiten.
Du, Eleazar, auf dem alten Masada,
schaust in die Zukunft,
und deine siegreichen Söhne
schauen von ihrem Heute
auf die Vergangenheit zurück.

Eleazar fällt auf seine Knie.

Heute wurde von neuem Dein Staat deklariert.

Eleazar verneigt sich.

ELEAZAR

Also war unser Tod auf diesem Berg nicht vergebens?

GEIST

Dein Tod, Eleazar, liegt in deiner Zukunft.
Die Frage von Leben und Tod
wird in den Händen deiner Söhne liegen.

Sie sind es, auf die du stolz sein kannst.
Sie sind es, die dich zum Weinen bringen.

Akiva, Yehoshua und John kommen auf die Bühne, als
Kibbutznicks gekleidet. Sie haben Gewehre bei sich. Sie
schauen in Eleazars Richtung, können ihn aber nicht sehen.
Sie halten ihre Fahne hoch.

AKIVA;
YEHOSHUA
& JOHN
    Wir Söhne des alten, neuen Landes,
    geloben auf diesem Berggipfel
    vor den Augen der Vergangenheit und Zukunft:
    Masada lebt, und soll immer leben
    solange euer Geist noch in unseren Seelen lodert.
    Euer Tod ist eine immerwährende Fackel. Wir
    schwören auf diesem tragischen Gipfel,
    nie mehr die Verachtung der Welt zu ertragen.
    Wir schwören euch,
    ihr weisen Alten,
    nie mehr das Joch zu ertragen,
    oder es auf jemand anderen zu zwingen.

ELEAZAR
    Ewiger, danke für dieses Erwachen,
    für Leben, für Tod.

GEIST
    (an alle Vier gerichtet)
    Ihr dürft niemals vergessen:
    Der Gedanke löst Wunder aus,
    bewegt Jahrhunderte, erforscht Tod und Leben,
    und hat euer Volk wieder nachhause gebracht.

ELEAZAR

    Nun ist dieses gewaltige Wunder vollbracht,
    wohin jetzt, mein Gott?
    Ich bitte Dich, sage mir, was ist nun das Ziel?
    Wohin weht dieser Judäische Wind?

Plötzlich durchzieht ein gewaltiger Sturm den Himmel. Der Geist fällt erschlafft zu Boden, wie alle Juden.

STIMME

    Dies ist eure Wahrheit:
    Zweifel und Glaube – gleichzeitig.
    Ungewissheit ist eure einzige Gewissheit.
    Tod und Leben gemeinsam sind die Wahrheit,
    wie zwei Seiten einer Münze,
    Schicksal genannt.
    Es gibt keinen Anfang, kein Ende,
    nur Verlauf,
    und keine Lösungen in den Fesseln
    des Fleisches.
    Doch Schmerz und Tod
    wollen euch geheime Worte lehren,
    und die schreckliche Wahrheit,
    die in eurer Seele verborgen ist.
    Habt keine Angst vor Furcht.
    Vertraut!
    Glaube ist keine Täuschung.
    Sterbt nun.
    Und erweckt wieder zum Leben.
    Sucht, forscht, leidet.
    Und dann: jubiliert!
    Dies ist euer Schicksal,
    solange sich die Erde im Weltall dreht.

(Sehr tief, im Theater widerhallend)

Tretet heraus aus der Zeit
und kehrt zu eurer Gegenwart zurück,
bevor des Lebens Funke
in der endlosen Nacht erlöscht.
Vollendet eure Reise durch die düsteren Jahre,
und ihr werdet Antworten finden
auf euer menschliches Elend.

Wie die Stimme verblasst, befinden wir uns zurück in der zweiten Szene. Nur die brennende Synagoge ist sichtbar. Eleazar steht wie betäubt vom Boden auf, und dann, wie jemand, der versteht wo er ist und was geschehen ist, erhebt er langsam seinen Dolch. Wo vorher die drei Kibbutznicks standen, liegen jetzt Leichen. Die Leichen von Masada. Eleazar geht langsam hinüber, erkennt seine Tochter unter den Toten, schließt sie in seine Arme, und sticht dann den Dolch in sein eigenes Herz und fällt tot zu Boden. Jetzt brennen und knistern nur die Feuer. Der Geist ist auch verschwunden. Noch ein paar Minuten lang ist Stille, dann werden römische Stimmen vernommen.

Silva, Vetiliamus und sieben römische Soldaten (die Heiden) eilen auf die Bühne. Sie stehen bestürzt vor den Toten. Nach einer Weile spricht Vetiliamus.

VETILIAMUS
    General,
    alle hier sind tot!

SILVA
    (ganz langsam)
    Das denkst *du*!

Die Übersetzerin wurde 1949 in der ehemaligen Deutschen Demokratischen Republik (DDR) geboren.
Sie ist Therapeutin und Dozentin für die Heimler Methode des Sozialen Funktionierens. Außerdem praktiziert sie alternative Medizin.

Sie hält weltweit Vorträge über das Leben und die Philosophie Eugene Heimlers sowie über seine Bücher und die Heimler Methode des Sozialen Funktionierens. Sie arbeitet in privater Praxis in Jerusalem und Netanya, Israel.

Für weitere Informationen wenden Sie sich bitte an:
mheimler1@gmail.com
www.miriamshealingwell.com
www.newholocaustliterature.com
http://neueholocaustliteratur.weebly.com
www.heimler-international.com

WEITERE VERÖFFENTLICHUNG VON EUGENE HEIMLER

Jetzt erhältlich bei Amazon.com
In Paperback und als E-Buch

Brief eines Holocaust Überlebenden an junge Deutsche

Eugene Heimler

BOTSCHAFTEN
Brief eines Holocaust Überlebenden an Junge Deutsche

In seinem fesselnden, poetischen Stil nimmt der Autor Sie mit sich auf eine lebens-transformierende Reise durch Meere inspirierender Bildnisse und Ströme von Tränen; von Schmerzensstürmen zu Gewässern individueller und allgemeingültiger Weisheit und in die Tiefen seines Selbsts und des Ihren.

Seine universalen und autobiographischen Geschichten fließen und mischen dynamisch -wie die lebhaften Farben auf der Leinwand eines Wasserfarben-Künstlers -

Zeitdimensionen in ein sich ausdehnendes, zusammenhaltendes Ganzes.

Die Mannigfaltigkeit von Genre, Zeit und Metapher ist erregend und offenbart vielfache Schichten unserer physischen, emotionalen und spirituellen Realität.

Der Autor überwindet die Zeit, indem er Vergangenheit, Gegenwart und Zukunft zu einem Wandteppich tiefer Bedeutung und Leidenschaft knüpft,- mit Blut befleckt und mit Freudentränen gezeichnet.

In *Botschaften* reisen wir mit dem Autor durch das Verlieren, Suchen und Wiederfinden seiner eigenen Identität und seines Platzes in der physischen, emotionalen und spirituellen Welt.

In seiner Strömung von Bewußtseins-Reflexionen überschreitet Heimler die Zeit von biblischen durch mittelalterliche zu modernen menschlich transformativen Erlebnissen, - durch Schmerz zu Selbst-Entdeckung.

Diese kunstvoll vertraute Verflechtung persönlicher und universaler Themen zieht den Leser in Heimlers ehrfurchteinflößende vielschichtige Welt mutiger Introspektion.

Botschaften illuminiert den inneren Kampf des Autors - des Holocaustüberlebenden –, Bedeutung, Sinn und Leidenschaft von seinem einst zerrütteten Leben wiederzuentdecken.

Seine Kämpfe führen ihn zu existenziellen Fragen über die Bedeutung des Lebens:

‚Was ist die Verbindung zwischen Leben und was wir Tod nennen?'

‚Wie kann Sinnhaftigkeit Schmerz überwinden?'

,Wie können wir Frieden finden, wenn wir unsere schlimmsten Stunden verleugnen?'

,Wie können wir all den Hass verstehen, der uns umgibt?'

,Wie kann Hass in Kreativität anstatt Selbstvernichtung verwandelt werden?'

,Was kann unsere Liebe und unsere Fähigkeit zu lieben inmitten von Grausamkeiten oder Gleichgültigkeit am Leben halten?'

Folgen Sie diesem bemerkenswerten Mann in seiner Suche nach ewiger Weisheit!

Jetzt erhältlich bei Amazon.com
In Paperback und als E-Buch

BEI NACHT UND NEBEL

"BEI NACHT UND NEBEL" ist ein Bericht der Erlebnisse eines jungen Mannes während des Naziregimes. Es erzählt von den tagtäglichen Geschehnissen, den schrecklichen Existenzbedingungen und den körperlichen Leiden, welche die Gefangenen ertragen mußten.

Aber Heimler bewegt sich jenseits der faktischen Geschehnisse. Mit begabter Einsicht beschreibt er die tieferen Wirkungen der Leiden auf die Seele. Er schreibt nicht nur von sich selbst, sondern über viele seiner Mitgefangenen, so von dem Arzt und dem Architekten, nicht länger Gentlemen der mittleren Gesellschaftsklasse mit Autorität, sondern wilden Tieren ähnlich; er schreibt von dem Mädchen, das einst sanft und intelligent war und jetzt seinen todgeweihten Körper für eine Krume Brot anbietet; von dem Mann, der zwölf Jahre für den Mord an seiner Frau im Gefängnis zugebracht hatte und nun im Inferno des Konzentrationslagers eine Bedeutung in seinem Leben findet.

Obwohl er das Schlimmste an Unmenschlichkeit kannte, war Eugene Heimler in der Lage, seinen Glauben an Gott und an die Würde des Menschen wiederzugewinnen. Er hasst nicht; sein Mitfühlen und sein tiefes Verständnis spiritueller Werte halfen ihm, das Grauen seiner Erlebnisse zu überwinden. Seine Botschaft kündet nicht von Horror, sondern von Hoffnung.

**Now available at Amazon.com
in paperback and as e-book**

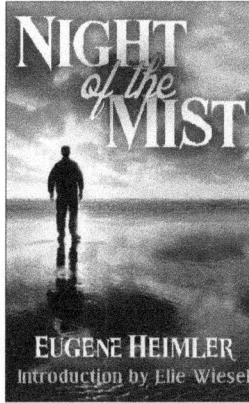

NIGHT *of the* MIST

EUGENE HEIMLER
Introduction by Elie Wiesel

Night of the Mist

REVIEWS

Rabbi Dr. André Ungar

"Over half a century has passed since the events described in *NIGHT OF THE MIST*.

It has been over two decades since Eugene Heimler's own death in London on a cold, grey winter's day. But the story he tells is vividly, immortally alive. It is a tale of horror and heartbreak, of loss and degradation – yet also of hope and faith and warmth and humor and immortal humanity. It is unlike any other work that came out of the ashes of World War Two. His is a poet's voice as well as a philosopher's and a psychologist's. It is a young voice, an ageless voice. Our lives are the fuller for listening to it. ...It is a human document of great value. It contains wounds, both familiar and less familiar, that will long haunt the reader."

Elie Wiesel

"Eugene was 21 when he arrived at Birkenau. His description of what he saw, heard and lived through is sincere and restrained. He tells wonderful and moving stories of his childhood and adolescence in Hungary – his first loves and youthful reveries – the sudden German occupation – the wedding in the ghetto. The beginnings of fear, the intimations of the trials to come. The rebellion against destiny: Eugene and his loved one are married, but their happiness lasts only one night. Their honeymoon is spent in a sealed boxcar heading towards the unknown.

This gripping account is profoundly honest. The astounding episodes he relates are both atrocious and bizarre. In Auschwitz, a few paces from the crematoriums, the daughter of the chief of a Gypsy camp takes a liking to him. She feeds and protects him. They make love. In Auschwitz. Later on, *a Lagerältester* [head of the camp] takes notice of him. Thanks to an SS officer, he is put in charge of a group of ten young prisoners. Surely a guardian angel is watching over him. On the edge of despair, a man consoles him; it is the rabbi who officiated at his marriage so many eternities ago."

"These miraculous moments were more often than not engulfed in the all-encompassing climate of brutality. Heimler captures it well. The stark dehumanization of some, the desperate solidarity of others. The pangs of hunger: the power of attraction of a piece of bread. The disappearance of all traces of civilization, culture, morality. The conversations about the past, meditations on God, the dreams that make waking harder, more unbearable."

Professor Dr. Sarah Morris

"As a University professor who has been teaching literature of the Holocaust for many years, I have read a lot of books on this subject. I found that I could not put down this book; it was so captivating and well written. It qualifies as literature, since the author manages to tell the reader so much between the lines, just hinting and thus striking a cord in the reader's heart. The most unexpected and unusual things happen in this book.... The author's sensitivity, common sense, intelligence, modesty and warmth vibrate through the pages of this outstanding book, which I personally prefer to famous texts on the Holocaust such as for example Elie Wiesel's "Night". You will love this book!"

Mrs. Sheila Lyons

"Eugene Heimler's memorable account of the holocaust is a work of the utmost poignancy and importance. This is a book which the adult reader will find difficult to put down. His descriptive narrative of the sufferings of those he lived with in the Concentration Camps during World War II - and his own fight for life - his inner growth and understanding, are quite exceptional.

The book takes on for the reader, a personal involvement in the brutalities, bestialities and horrors perpetrated on the inmates. That which would be unspeakable, Eugene Heimler has been able to articulate. The breakdown of all moral and ethical values, be they of the imprisoned or be they of their captors - a so called 'civilization' within a 'civilization'. It is quite extraordinary how Heimler makes this come to life. It is even possible to laugh at some of the incidents related; we can really see the funny side!

The portrayal of his own inner growth, his little acts of kindness albeit in an environment of unspeakable horror, his strength of character leaves the reader with a feeling that there's hope for us yet!

This small volume is a masterly account of man's inhumanity to man. A must for every student of Holocaust Studies and might I add, for every student of Political and Social Studies."

"A dramatic and readable book."— *The Times Literary Supplement*

"Behind the eerie, the manic, the disgusting, he still conveys the desirability of life, the variety of human behavior, the power of imagination. His own conclusions were not of hate, but of discriminating tolerance." —*Peter Vansittart in The Observer (London, England)*

"This book deserves a place of its own in the literature of Nazi horrors, as it deals with those events from an unusual aspect – the effect of them upon the victims themselves." – **Lord Russell of Liverpool**

"There is no self-pity in Heimler's writing; just wonder at man's inhumanity to man … the massage he brings is not one of horror but of hope; of a fight back to life, and a life well worth living." – *The Huddersfield Examiner*

"This book has an important lesson to teach – that faith in God and in the dignity of man can overcome the greater evils that men can devise." – *The Catholic Times*

**Now available at Amazon.com
in paperback and as e-book**

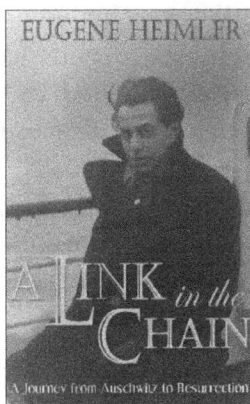

A LINK IN THE CHAIN
A Journey from Auschwitz to Resurrection

In this second powerfully written volume of Eugene Heimler's incredible life's journey from a persecuted Jewish child in a small town in Hungary to world-renowned writer, therapist and teacher, Heimler is on his way home to Hungary from the concentration camps of Germany, where he had lost all his family. On this journey he experiences many life-threatening moments: being on a train with a former German SS man; witnessing the brutal rape of his traveling companion by Russian thugs; attempts on his life and being arrested and charged with treason in Hungary.

Eventually he reaches England and remarries, but his trials are manifold. After hearing that the Secret Police are torturing his friends in Budapest, he realizes he can never return to Hungary and has a breakdown. When a psycho-analysis helps him come back to life and regain his hope for the future, he is ready to act on an early ambition to become a writer and psychologist. He starts to write *NIGHT OF THE MIST,* which has become a world classic, and becomes a Psychiatric Social Worker. These challenges have their obstacles as well, and Heimler vividly describes his work as a Psychiatric Social Worker, including his refusal to give up on others — and himself. His experiences eventually lead to the development of a new method of therapy, which is today known as the *Heimler Method of Social Functioning.*

Throughout his life, Heimler consistently fought to help victims gain the courage to become victors. In *A LINK IN THE CHAIN* he once more tells his stories poetically and vividly.

**Now available at Amazon.com
in paperback and as e-book**

MESSAGES
A Survivor's Letter to a
Young German

Eugene Heimler, in his captivatingly poetic style, takes you with him on a life-transforming journey through seas of imagination and rivers of tears; from storms of pain to pools of individual and communal wisdom as well as deep inside his self and yours.

His universal and autobiographical stories, like the vivid colors on the canvas of a water-color artist, flow and dynamically blend time dimensions into an expanding, cohesive whole.

The diversity of genre, time and metaphor is startling and reveals multiple layers of our physical, emotional and spiritual reality.

The author transcends time as he interweaves past, present and future into a tapestry of deep meaning and passion, stained by blood and marked by tears and joy.

This book is about the author's journey of losing, searching and re-finding his own identity and place in his physical, emotional and spiritual worlds.

In his 'stream of consciousness' musings Heimler crosses time from biblical through medieval to modern human experiences of transformation through pain to self-discovery.

This artful intimate intertwining of personal, particular and universal themes draws the reader into Heimler's awe-inspiring multi-layered world of courageous introspection.

Messages illuminates how Heimler, as a Holocaust survivor, struggles to re-discover meaning, purpose and passion from his once shattered world.

Working through these challenges leads him to existential questions about the very meaning of life:

What are the connections between life and what we call death?

How can meaning transcend suffering?

How can we find peace if we deny our worst hours?

How can we understand all the hatred that surrounds us?

How can hate be turned into creativity instead of self-destructiveness?

What can keep our love and our ability to love alive in the midst of atrocities or indifference?

Come, join this remarkable man in his quest for eternal wisdom!

**Now available at Amazon.com
in paperback and as e-book**

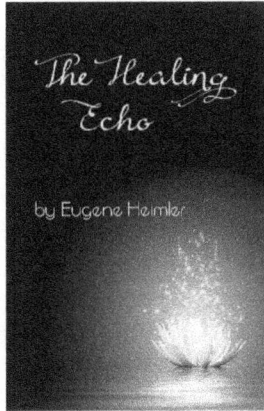

The Healing Echo

When Dr. Sigmund Freud's concepts and ideas penetrated Eugene Heimler's young Hungarian mind, the earth began spinning faster and lightening crossed the Western sky.

Two ingenious minds were crossing up there in the heights; both listened with respect – and then went their opposite ways: one to analysis, and the other to synthesis.

Eugene Heimler's pioneering philosophy, that our potential lies in the creative transformation of our negative forces, is as new a thinking in our 21st century as it was in the 1950s when it first broke ground. Heimler's radical idea that we need to harness frustration in order to flourish crossed the worlds of the post-industrial revolution and unemployment to our current age in which people search for the elusive meaningfulness of life.

The author had a 'paradoxical' title ready for his book: "The Gift of Unemployment", however, there was fear that hopeless 'victims' of unemployment would smash the shop-windows of book-sellers in Great Britain.

Yet, he, as well as those men and women whom he helped find meaning and purpose in their often shattered lives, was convinced, that his method works.

Not only people who are stagnated in their growth, but also children in kinder-gardens and schools can, with the help of Heimler's new approach, explore their untapped potential.

By listening to our inner selves, we can hear our echo, our echo that heals us and that helps us to live a fuller and happier life, to survive and thrive in our complex society. Eugene Heimler first echoed these thought in his ground-breaking book *"Survival in Society"*.

Now, by immersing yourself in *The Healing Echo,* you have an opportunity to enter this hopeful world of yet unimagined possibilities.

**Now available at Amazon.com
in paperback and e-book**

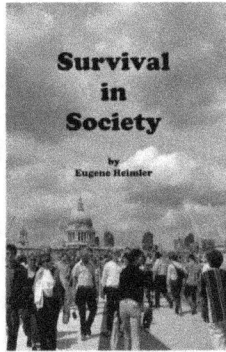

Survival in Society

Eugene Heimler's self-help method of social functioning has been developed and tested – and proven extraordinarily successful – for over forty years. Here he describes in detailed theory and through cases his interviewing and therapeutic techniques, in which a relationship of equality between 'helper' and 'helped' is paramount.

His aim has been to help people as individuals and in groups to make the most of their abilities, however latent, and to positively use their inner resources and past experience. He sees not only the past as influencing the present but present actions determining what we select from the past. Success or failure to function within ourselves and in society depends on the balance between satisfaction, defined as the ability to use one's potential, and frustration, defined as one's inability to use it. Too little frustration can be as damaging as too much: to function normally we constantly transform frustration into satisfaction. In other words, success is one's ability to transform the unacceptable – to oneself and to society – into the acceptable.

Throughout the book emphasis is placed on the importance for the individual of making his own decisions. Here he is helped by Heimler's decision-making tool – his *Scale of Social Functioning* – which enables him to understand his life situation and to act accordingly. The scale is of diagnostic value to the therapist, but its main use is to the patient.

Professor Heimler's method has been applied both to people in need of treatment and to 'healthy' individuals who want to explore their untapped potentials. It has been used by teachers at all educational levels to help students become more creative, in the employer/employee relationship, and by social workers in all fields. Heimler owes much to many past and contemporary practitioners. The originality of his work lies in his synthesis of existing theories and practices into a successful working method.

Veröffentlichung von
Miriam Bracha Heimler

Erhältlich bei Amazon.com
in paperback und als E-Buch

Tochter Abrahams

Natalie ist elf, als ihre Mutter mit ihr und ihrer Schwester kurz vor dem Mauerbau aus Ostdeutschland in den Westen flieht. Die schmerzliche Trennung von ihrem Nazi-Vater und die ihr fremd und feindlich bleibende Welt des Westens bestimmen die Jahre ihrer Jugend.
Armut, Einsamkeit und Depression überschatten ihre Tage.
Dann lernt sie den Mann ihrer Träume kennen … und ihr Leben verwandelt sich von Grund auf.
In einem einzigen Leben lebt Natalie dreimal.

"Die Autorin Miriam Bracha Heimler erzählt ihre Geschichte äußerst fesselnd und authentisch. Sie ist mit Emotionen geladen, die in zurückhaltender und kunstvoller Weise beschrieben sind. Dabei erlaubt sie den Lesern ihren eigenen

Weg in ihr Leben. Sie erleben mit ihr Vorwärtskommen und Verwirklichung, die kunstvoll und fein in ihr Leben verwoben sind.

Das ist das Merkmal von vortrefflicher Kunst: dem Leser zu ermöglichen, Teil der Erlebnisse des Novellisten zu werden und dadurch mitzufühlen.

Dieses Buch ist nicht nur eine wunderbare Geschichte. Es ist Literatur."

Dr. Sarah Fraiman-Morris, Literaturprofessor

**Veröffentlichung von
Miriam Bracha Heimler**

**Now available at Amazon.com
in paperback and as e-book**

Daughter of Abraham

For anyone on a life journey through pain towards transformation, Miriam Bracha Heimler's intimate, powerful memoir will help deepen your determination to overcome life's seemingly insurmountable obstacles.

Through touching vignettes Heimler paints vivid portraits of her continuing life challenges:

She escapes Communist East Germany as an eleven year old just before the rise of the Berlin Wall, leaving her Nazi father in the Communist East.

Despite her struggles to overcome loneliness and poverty in a strange new world, and in defiance of having to fight peers' prejudice and feelings of inadequacy, she succeeds in school and university.

With great courage and determination she is then able to leave her finally familiar new world in West Germany behind to follow her mentor across the world.

Her developing confidence leads her to learn and teach her mentor's method about overcoming adversity, a subject that she intuitively knew - a lesson that life had taught her through experience already at a young age.

And in yet another growth-step she transforms her spiritual world by becoming Jewish.

Her unimaginable joy in marrying her mentor is shattered when she loses him after only a few years of marriage.

While still grieving her tremendous loss, she finally develops the courage to again reach beyond her pain and fulfills her spiritual dream by moving to Israel and living a meaningful Jewish life.

Heimler's endearing, earthy, captivating style draws the reader into her multi-layered inner world of imagination, determination and hope.

The depth of the scenes she paints is reminiscent of great literature of the past, rather than superficial current works. The reader will enrich her / his life by diving into this real life treasure of vulnerability.

Für weitere Informationen bezüglich des Authors Eugene Heimler oder der Übersetzerin Miriam Bracha Heimler wenden Sie sich bitte an:

Miriam B. Heimler
P.O.Box 18422
Jerusalem 91183

mheimler1@gmail.com
www.newholocaustliterature.com
www.heimler-international.com
www.miriamshealingwell.com

www.ingramcontent.com/pod-product-compliance
Lightning Source LLC
Chambersburg PA
CBHW020508030426
42337CB00011B/282